CHANSONS

NOUVELLES

DE N. BRAZIER.

Paris.

ROSSIGNOL ET Cie, ÉDITEURS,

SUCC. DE PERROTIN,

RUE DES FILLES-ST-THOMAS, N. 1,

PRÈS LA BOURSE.

1836.

CHANSONS

NOUVELLES

DE N. BRAZIER.

PARIS.—IMPRIMERIE DE Mme DE LACOMBE,
Rue du Faubourg-Poissonnière, n. 1.

CHANSONS

NOUVELLES

DE N. BRAZIER.

Paris.

ROSSIGNOL ET Cie, ÉDITEURS,

SUCC. DE PERROTIN,

RUE DES FILLES-ST-THOMAS, N. 1,

PRÈS LA BOURSE.

1836.

NOTICE

SUR

LA CHANSON.[1]

En France, on a toujours chanté, et l'on chantera toujours, parce que le caractère distinctif de la nation est la gaîté, qui va trop souvent jusqu'à l'insouciance.

La chanson rend meilleur, elle dispose à la

---

[1] Cette notice fut composée pour le 7e volume du livre des Cent-et-Un. J'ai essayé de prouver que l'histoire d'un peuple pourrait se retrouver par les chansons ; c'est aussi le but que s'est proposé M. Scribe dans son discours de réception à l'Académie Française. M. de Rougemont avait dit de même dans un joli vaudeville joué en 1813 :

« Pour que le peuple l'apprenne,
« Mettons l'histoire en chansons. »

bonté, à l'indulgence ; il est rare que l'homme qui chante pense à mal faire. Un magistrat, enlevé trop tôt au barreau et aux lettres, Frédéric Bourguignon, a dit, dans de fort jolis couplets :

> Le penchant
> Du chant
> Jamais du méchant
> N'a calmé l'insomnie ;
> Avec nos accords,
> Le cri du remords
> N'est pas en harmonie.

En traçant cette notice, je n'ai pas la prétention de faire ce qu'on appelle une histoire raisonnée de *la chanson ;* cela demanderait des développemens et un travail qui ne pourraient trouver place dans ce livre.

Je laisse à des talens d'un ordre plus élevé, à des plumes plus exercées que la mienne, le soin de fouiller les vieilles chroniques, de prendre *la chanson* à son berceau, depuis le guerrier scalde, qui s'écriait sur le champ de bataille : *Corbeaux, voici votre pâture ; nos ennemis sont morts : remerciez-moi, venez, voici votre pâture !...* jusqu'aux soldats de la république, qui chantaient, pieds nus et mourant de faim : *Veillons au salut de l'empire,* sans se douter que l'empire allait bientôt dévorer la république.

Voulant ne m'occuper que de l'influence de *la chanson* dans les temps modernes, je ne parlerai pas des anciens cantiques; le plus connu, comme le plus ridicule, est celui que le peuple chantait tous les ans à la fête de l'âne, car l'âne avait sa fête chez nous.

Je ne parlerai pas non plus d'Olivier Basselin, ce père du vaudeville. Je nommerai, pour mémoire seulement, Gauthier Garguille, comédien du treizième siècle; Guillaume Michel, audiencier à Paris; le *Savoyard*, qui chantait à la suite d'un marchand d'orviétan, et dont Boileau disait, en parlant des poésies de Neuf-Germain et de la Serre :

> Et dans un coin relégués à l'écart,
> Servir de second tome aux airs du Savoyard.

Je pourrais parler des fameux Noëls Bourguignons, du sieur de la Monnaie, receveur des tailles de Dijon, ainsi que d'une foule de chansonniers de la même époque, et d'autres qui leur sont antérieurs.

De tout temps le peuple a été moqueur. N'était-il pas le même qu'aujourd'hui, quand il allait sous le balcon de ce Charles VII, que, par dérision, il appelait le roi de Bourges, et qu'il chantait à ce dauphin qui oubliait dans les bras d'Agnès Sorel que les Anglais étaient les maîtres des deux tiers de la France :

>Mes amis que reste-t-il
>A ce dauphin si gentil?
>Orléans, Baugency,
>Notre-Dame-de-Cléry,
>Vendôme... Vendôme!...

Plus tard vinrent les chansons sur la Ligue, sur la Fronde; les Richelieu, les Mazarin ne furent pas épargnés. On appelait *Mazarinades* les chansons qui frappaient sur ce ministre. Le nombre seul de ces dernières fournirait des volumes.

On voit qu'il y a long-temps que le peuple chansonne les excellences; n'est qu'il chantait tout bas, et qu'aujourd'hui il chante tout haut : c'est toujours cela de gagné; il a payé ce droit assez cher pour qu'on ne le lui conteste plus.

Le Français chante dans les revers comme dans les succès, dans l'opulence comme dans la misère, à la table d'un marchand de la rue Saint-Denis comme à celle d'un banquier de la Chaussée-d'Antin, avec du vin de Bourgogne comme avec du vin d'Argenteuil, dans les fers comme en liberté; il chante même sur les degrés de l'échafaud.

Depuis plus de deux cents ans, il existe en France des sociétés chantantes. Sous la Ligue, sous la Fronde, sous la Régence, pendant nos troubles révolutionnaires, sous l'empire, sous la restauration, même après la révolution de Juillet, on a chanté avec plus ou moins d'esprit, avec plus ou moins de liberté.

En tête des chansonniers, nous sommes fiers de placer des rois, des princes, des grands seigneurs, voire même des curés et des chanoines.

Henri IV chantait Gabrielle, François Ier la belle Féronnière; le bon roi René chantait le vin de Provence, le Régent ses amours licencieuses; le cardinal de Bernis sacrifiait aux Grâces dans des couplets que l'on dirait avoir été dictés par elles; Rabelais.... ce fou qui était si sage, ou ce sage qui était si fou... chantait plus souvent à table que dans son église de Meudon. Le Victorin Santeuil ne se bornait pas à célébrer les louanges du Seigneur, il en festoyait aussi la vigne. Louis XVIII, de nos jours, fit des vers et des chansons. Enfin, Bonaparte!... Bonaparte!... l'homme de bronze..... l'homme de fer..... l'homme complet... l'homme le moins chantant du monde, avait, dit-on, pour refrain favori, lorsqu'il se mettait en campagne :

Malb'rough s'en va-t-en guerre!

Les charmans dîners du Temple, immortalisés par Chaulieu, firent éclore une foule de jolies chansons qui n'ont pas vieilli. Les explorateurs du vieux Paris, ceux qui se font gloire de savoir leur *Dulaure* sur le bout du doigt, vous montrent encore aujourd'hui, au carrefour Bussy, la place où était le cabaret du fameux Landelle, qui réunissait chez lui les Collé, les Gallet, les Panard, les Crébillon, et où quelques grands seigneurs sollicitaient, chapeau bas, la faveur de se glisser incognito ; car, lorsqu'il s'agit de leurs intérêts ou de leurs plaisirs, les grands seigneurs se font volontiers courtisans, valets même... un peu plus, j'allais dire chambellans.

La révolution éclata, la terreur moissonna, et les chants ne cessèrent point. Combien de victimes ont composé, peu d'heures avant de mourir, des chansons que l'on croirait avoir été faites au sein d'un festin joyeux! Les unes exhalaient leurs plaintes dans des romances pleines de larmes, les autres dans des couplets remplis d'insouciance et de pyrrhonisme.

Montjourdain, condamné à mort, envoie à sa femme cette romance si connue :

L'heure avance où je vais mourir, etc., etc.

Un détenu, dont le nom m'échappe, et qui attendait de jour en jour l'instant de paraître au sanglant tribunal, compose le couplet suivant que ses compagnons d'infortune répètent en chœur :

> La guillotine est un bijou
> Aujourd'hui des plus à la mode ;
> J'en veux une en bois d'acajou
> Que je mettrai sur ma commode.
> Je l'essaierai chaque matin
> Pour ne pas paraître novice,
> Si par malheur le lendemain
> A mon tour je suis de service.

Et le lendemain il était de service !

Croira-t-on que, dans certaines prisons de Paris, les geôliers forçaient les détenus à chanter avec eux d'infâmes couplets, qui avaient pour refrain :

> Mettons-nous en oraison,
> Maguingueringon,
> Devant sainte guillotinette,
> Maguingueringon,
> Maguingueringuette !

On n'a pas oublié le fameux procès des

21 députés de la Gironde, condamnés tous à mort, le 30 octobre 1793, pour être exécutés le lendemain.

Le lendemain, ils se font servir un déjeûner qui sera le dernier ; ils se livrent tous à la joie la plus folle ; les mots piquans circulent avec les vins..... On discute gaîment sur l'immortalité de l'âme. Les uns doutent, les autres croient... beaucoup espèrent. L'un d'eux se lève : « Amis, dit-il, ne disputons pas sur les mots, dans une heure nous saurons tous ce qu'il en est. » Alors des couplets sont improvisés au bruit du champagne qui fulmine. En chantant, on donne des larmes à la patrie... On cause d'amour.... d'amitié.... de poésie... on se fête... on se serre la main... on s'embrasse. A voir ces hommes forts, on croirait qu'ils ont un avenir.... une espérance.... un lendemain.... une heure.... Point ! c'est en Grève qu'ils vont !... c'est le bourreau qui les attend !!!...

Boyer-Fonfrède chante pendant le trajet :

> Plutôt la mort que l'esclavage,
> C'est la devise d'un Français !

Le jeune François Ducos fait entendre le *Chant du Départ*, triste refrain de circonstance, et qui n'était là que le chant du cygne !

Une chose digne de remarque, c'est que chaque opinion mourait en chantant. On entendait toujours les mêmes airs. *O Richard, ô mon Roi!* ou *la Marseillaise, vive Henri quatre* ou *Ça ira*... Ainsi, en France, *la chanson*, qui console des misères de la vie, vient encore nous aider à mourir... Grâces soient rendues à *la chanson*!

Lorsque l'affreux règne de 93 fut passé, le Français, qui n'avait rien perdu de sa gaîté, éprouva le besoin de se venger de ses gouvernans. Que d'épigrammes, que de refrains mordans furent lancés contre ces Brutus de carrefours, ces Aristides aux mains calleuses, ces bouchers législateurs et ces législateurs bouchers, *ces tyrans barbouilleurs de lois* (comme les appelle André Chénier)!

Les dîners de Vaudeville prirent naissance à cette époque, et l'on se rappelle les charmantes chansons que les circonstances inspirèrent à leurs joyeux auteurs.

Dans un dîner préparatoire, qui eut lieu le 2 fructidor an IV, MM. Piis, Radet, Deschamps et de Ségur aîné(1), avaient été nommés commissaires pour rédiger les bases de

---

(1) M. le comte de Ségur a été depuis grand-maître des cérémonies de France.

la société; chacun avait sur-le champ donné un sujet de chanson. Tous ces sujets, mêlés ensemble, tirés au sort et remplis par ceux à qui ils étaient échus, furent rapportés au dîner du 2 vendémiaire suivant, le premier de la fondation.

Le prospectus en couplets, qui pétillait d'esprit et de gaîté, fut adopté séance tenante, *inter pocula et scyphos*, par les convives dont les noms suivent :

> Après dîner, nous approuvons,
> De par la muse chansonnière,
> Ledit projet et souscrivons,
> Barré, Léger, Monnier, Rosière,
> Demeautort, Despréaux, Chéron,
> Desprez, Bourgueil et Desfontaines,
> Ségur aîné, Prévôt, Chambon,
> Onze de moins que deux douzaines.

A mesure que de nouveaux auteurs obtenaient des succès marquans sur le théâtre de la rue de Chartres, ils étaient admis aux Dîners; car il y avait un article qui disait :

> Pour être admis, on sera père
> De trois ouvrages en couplets,
> Dont deux au moins (clause sévère!)
> Auront esquivé les sifflets.

C'est ainsi que l'on vit successivement arriver Armand-Gouffé, Philippon de la Madeleine, Prévost-d'Yray, de Ségur jeune, Philippe de Ségur, Maurice, Séguier (1), E. Dupaty, Chazet et autres.

Les convives des Dîners du Vaudeville se réunirent d'abord chez Julliet, cet acteur si gai, si vrai, si original, et qui s'était fait restaurateur, comme plus tard Chapelle, le Cassandre du Vaudeville, se fit épicier.

Piis célébra l'Amphytrion dans une chanson qui courut tout Paris, et s'excusait ainsi d'avoir ajouté un *e* muet à la fin du nom de Julliet :

>J'ai bardé d'un E muet
>Le nom de notre hôte ;
>C'est la faute du couplet,
>Ce n'est pas ma faute !
>Il signe, il est vrai, JULLIET ;
>Mais, par un refrain qui plaît,
>J'aime mieux dire en effet :
>JULLIETTE notre hôte.
>
>S'il est bon restaurateur,
>Notre hôte JULLIETTE,
>S'il n'est pas moins bon acteur,
>Son enseigne est faite.
>Pour favori de Comus,
>Pour favori de Momus,
>Proclamons en grand chorus
>Notre hôte JULLIETTE !...

(1) M. Séguier était frère du premier président de la cour royale de Paris.

Cette société dura près de cinq ans ; elle avait été créée le 2 vendémiaire an V, et cessa d'exister le 2 nivose an IX.

Lorsque le conquérant qui remplit l'univers du bruit de ses exploits, promenait nos drapeaux triomphans de capitale en capitale, de monde en monde, il était naturel que l'on chantât encore.

MM. Armand-Gouffé et Capelle conçurent l'heureuse idée de ressusciter l'ancien Caveau ; ils appelèrent à leur secours une grande partie des convives des Dîners du Vaudeville, et choisirent pour le lieu de leur réunion le Rocher de Cancale, si renommé pour ses huîtres et son poisson.

Le vieux Laujon fut nommé président de cette société ; il en devint l'Anacréon ; il y chanta, jusqu'à l'âge de quatre-vingt-cinq ans, le vin et les femmes, et mourut comme le vieillard de Théos, non d'un pepin de raisin, mais en fredonnant un couplet.

Parmi les membres de cette joyeuse bande, on distinguait encore Armand-Gouffé, Dupaty, Piis, Moreau, Chazet, Delongchamps, Francis, Antignac, de Rougemont, de Jouy, Ourry, Tournay, Capelle, Ducray-Dumesnil, Coupart, Gentil, Théaulon, Eusèbe Salverte (aujourd'hui député), et surtout le gai, le spirituel, le verveux, l'entraînant Désaugiers !...

A l'instar des Dîners du Vaudeville, un prospectus en couplets fut lancé dans le public. Il fut arrêté que le cahier qui paraîtrait tous les mois, porterait le titre de *Journal des Gourmands et des Belles;* plus tard, ce titre fut échangé contre celui du *Caveau moderne*. Le dîner d'inauguration eut lieu le 20 décembre 1805, et le premier numéro parut le 10 janvier 1806. D'abord, la société ne se composa pas seulement de chansonniers ; des hommes du monde concoururent à la formation de ce journal : le docteur Marie de Saint-Ursin, Reveillière, Cadet-Gassicourt, et le fameux épicurien Grimaud de la Reynière, y fournirent des articles de gastronomie et d'hygiène fort amusans.

A cette époque, un nommé Baleine venait d'ouvrir un établissement modeste, rue Montorgueil, au coin de la rue Mandar. C'était presque un cabaret, car il fallait passer par une boutique encombrée de poissons et de viandes pendus au croc, pour arriver au lieu de la réunion.

Il y avait à peine un an que cette société existait, que l'on se disputait les chambres voisines de celle où les épicuriens buvaient.

et chantaient. On retenait un cabinet deux mois d'avance, pour le seul plaisir d'entendre quelques refrains à travers une cloison mal jointe. Quel bon temps!...

Baleine a dû à la société épicurienne une fortune considérable ; il est vrai qu'il l'avait méritée par son travail, et surtout par une ponctualité, une politesse que l'on aurait peine à trouver aujourd'hui que tout s'est perfectionné, comme on sait. Je n'ai jamais vu montrer tant de zèle, tant d'égards, tant d'attentions pour des convives ; il nous en accablait. Je n'ai pas souvenance que les huîtres aient jamais manqué, même dans les chaleurs les plus brûlantes.

Une fois seulement (c'était l'année de la comète), nous allions nous mettre à table : Baleine paraît dans le salon, la serviette sous le bras, l'air pâle et défait... « Messieurs, vous voyez un homme au désespoir.... J'attendais des huîtres par la voiture de quatre heures... elles n'arrivent pas... Je vous avoue que je suis dans une anxiété... Messieurs, si ce malheur m'arrivait !... je ne m'en consolerais jamais !... Messieurs !... » Et il se promenait comme un fou dans le salon, en levant les mains au ciel, et regardant de temps en temps par la fenêtre, pour voir si les huîtres ne venaient pas. Puis il descendait, puis il remontait : c'était pitié de le voir... En vain nous cherchions à le rassurer, en lui disant qu'un dîner sans huîtres n'en était pas moins un excellent dîner. Rien ne pouvait lui faire entendre raison. Nous avions vraiment peur qu'il ne se portât à quelque extrémité, et ne renouvelât la scène de l'infortuné Vatel. Enfin un garçon vint annoncer la fameuse *bourriche!*... La figure de Baleine s'épanouit, elle reprend sa sérénité; un sourire de satisfaction se peint sur ses lèvres, et il s'écrie, avec un certain air d'assurance, moitié grave et moitié comique : « Ah! je savais bien que les huîtres ne manqueraient pas!... »

Les dîners que Baleine nous servait le 20 de chaque mois étaient d'un luxe et d'une recherche qui rappelaient ceux d'Archestrate à Athènes.

Archestrate était poète et cuisinier; Baleine n'était que cuisinier. Archestrate voyageait dans tous les pays, non pour s'instruire des mœurs et des usages des différens peuples, mais pour connaître par lui-même ce qu'il y avait de meilleur à manger. Archestrate a fait un poème sur la gastronomie, qui n'est pas arrivé jusqu'à nous; Baleine n'a fait ni vers, ni chansons, mais il entendait à merveille la manière d'arranger un jambon aux épinards et de confectionner un vol-au-vent à la crême. Rien n'était oublié par cet homme vraiment pénétré de sa mission : des orangers, des grenadiers, des lauriers-roses, étaient placés sur l'escalier qui conduisait à la salle des festins. Un couvert magnifique était dressé par lui, un surtout de Tomire garnissait le milieu de la table ; des girandoles de Ravrio étaient arrangées avec symétrie. Les fleurs les plus belles brillaient dans des vases de cristal : des garçons arrosaient de quart d'heure en quart d'heure. Par un raffinement d'atticisme, on dînait presque toujours aux lumières, même en été. On prétendait que le feu des bougies donnait plus de gaîté à un repas, que la gaîté facilitait la digestion... et, comme on tenait à digérer avant tout, on employait tous les moyens pour y parvenir.

C'était un coup-d'œil vraiment original que ces vingt convives riant, causant, buvant ensemble. Les mots piquans s'échappaient avec le champagne. La diversité des physionomies animait le tableau.

A côté de la figure grave et reposée d'Eusèbe Salverte, Désaugiers étalait sa bonne grosse face réjouie et rebondie ; Armand-

Gouffé, avec ses besicles et son rire sardonique, contrastait à ravir avec Ducray-Dumesnil, qui tendait une bouche béante, un visage rouge et bourgeonné ; deux petits vieillards, aux manières de l'ancien régime,

> Les seuls qui nous étaient restés
> D'un siècle plein de politesse,

montraient, avec coquetterie, leurs cheveux blancs : c'étaient Philippon de la Madeleine, qui composait encore, à soixante-quinze ans, des chansons pleines de grâce et d'esprit ; puis ce bon vieux Laujon, qui traversa, comme je l'ai dit, en chantant, une vie de poète de quatre-vingt-cinq ans.

Je n'ai rien connu d'aussi aimable, d'aussi insouciant, d'aussi heureux que ce petit vieillard !... C'était le vaudeville ambulant, la chanson incarnée, le flonflon fait homme..... Ah ! pauvre Laujon, si tu vivais !.. Il assista, quoique malade, au dernier dîner qui précéda sa mort de quinze jours. A propos de Laujon, on se rappelle ce mot charmant de l'abbé Delille. Il y avait près d'un demi-siècle que l'auteur de l'*Amoureux de quinze ans* faisait des visites pour arriver à l'Académie française. Comme quelques membres du docte corps élevaient des difficultés, en raison du genre frivole que le solliciteur avait cultivé, Delille se lève :

« Mes chers confrères, dit-il, je pense
« qu'il est important que M. Laujon soit
« nommé cette fois; il a quatre-vingt-deux
« ans, vous savez où il va... Laissons-le pas-
« ser par l'Académie. » Tout le monde applaudit à ce mot délicieux, et le *chansonnier fut académicien.*

Une autre anecdote, qui, je crois, n'a jamais été imprimée, mérite de trouver place dans cette notice.

Laujon avait vécu dans l'intimité du comte de Clermont, et, après la mort de ce grand seigneur, qui arriva en 1770, le prince de Condé le nomma secrétaire du duc de Bourbon et le chargea des détails des fêtes de Chantilly, emploi dont il s'acquitta jusqu'à la révolution. Lorsque la plupart de ceux qui avaient été comblés des faveurs de la cour furent les premiers à donner dans les excès de cette révolution, Laujon crut se devoir à lui-même de ne pas chanter un ordre de choses qui avait renversé ses bienfaiteurs.

Le régime de la terreur arriva, et, comme tant d'autres, il fut dénoncé à sa section. Son plus grand crime était de ne pas vouloir *chan-*

ter la république. Son ami Piis, ayant appris qu'il courait un grand danger à garder un silence obstiné, alla le voir et l'avertit qu'il devait être arrêté ; il l'engagea à faire quelques couplets, lui promettant de les chanter lui-même à sa section le décadi suivant.

Le vieillard se fit d'abord beaucoup prier ; mais voyant qu'il s'agissait pour lui d'une question de vie ou de mort, il composa un vaudeville républicain, et mit au bas en gros caractères : Par le CITOYEN LAUJON, *sans-culotte pour la vie...* Cette petite ruse jésuitique lui réussit ; et, depuis, il passa dans sa section pour un excellent patriote.

Chaque convive avait le droit d'inviter à son tour une personne de son choix ; c'est à cette heureuse idée que nous dûmes le plaisir de recevoir le comte Regnault de Saint-Jean-d'Angely, le géographe Mentelle, l'abbé Delille, le chevalier de Boufflers, le vieux Mercier (qui ne vivait plus que par curiosité), Daigrefeuille, le gourmand par excellence, et l'ami de Cambacérès, enfin le fameux docteur Gall ! Le jour où nous reçûmes la visite de ce dernier, on lui servit un plat de fritures composé seulement *de têtes de gibier, de poissons et de volailles.* On lui demanda s'il voulait tâter les crânes de ces messieurs ou de ces dames... Le savant se dérida, et répondit en riant « qu'il fallait qu'il tâtât les corps auparavant, vu qu'à table son système ne s'isolait point. » Pas mal pour un Allemand.

Plus tard, on renchérit encore sur les plaisirs, et l'on s'adjoignit des artistes et des chanteurs.

Frédéric Duvernoy, Lafont, Doche, Mosin, Romagnési, Baptiste, Chenard, Piccini, et d'autres artistes, vinrent embellir nos dîners.

C'est en 1813 que notre Béranger prit place au milieu des enfans de la joie... Jamais réception ne fut plus aimable, ni plus spontanée. Plusieurs chansons de lui, qui couraient manuscrites, entre autres *le Roi d'Yvetot*, donnèrent une si haute idée de son génie et de son talent, qu'il fut élu par acclamations...

Béranger a donné à la chanson une direction qu'elle n'avait pas eue jusqu'à ce jour; il l'a nationalisée.

1814 arriva; chacun prit sa couleur : les uns restèrent fidèles au drapeau d'Austerlitz, les autres crurent devoir reprendre la bannière de Henri IV. Les chansonniers se trouvèrent partagés en deux camps bien distincts. (En ce temps là, le juste-milieu n'avait pas encore été inventé.) On pense bien qu'une fois la politique introduite dans une réunion chantante, elle ne pouvait conserver cette allure franche et gaie qui en avait fait le charme pendant dix ans.

Les deux sociétés dont je viens de parler représentent une époque, et une époque glorieuse... car elles ont presque toujours chanté entre deux victoires !... Leur éclat a été assez vif, assez brillant pour que j'aie pris le soin d'enregistrer le nom des hommes qui s'y sont distingués.

Sur plus de soixante chansonniers dont elles se composaient, les deux tiers au moins sont morts ; ils ont emporté avec eux le secret de rire et de chanter. Une littérature nouvelle remplace celle que nous avons perdue : fasse le ciel qu'elle donne à ses adeptes autant de plaisirs, de jouissances pures que nous en avons goûtés au sein de l'amitié et des Muses !

Alors les vaudevillistes ne s'isolaient pas. On pensait moins à l'argent qu'au plaisir. La calomnie, les passions haineuses ne guidaient pas la plume. J'ai vu un temps où les auteurs s'aidaient de leurs conseils ; on faisait répéter la pièce d'un camarade, on travaillait même à la rendre meilleure, sans penser à lui demander pour cela une part de ses droits d'auteur..... Mais à quoi bon gémir sur un temps que nous ne reverrons jamais!...

On devenait alors chansonnier et auteur par goût, par vocation ; aujourd'hui la petite littérature est devenue un métier.

Avant les dîners du Caveau moderne, il avait existé une société chantante qui avait pris le nom des *Déjeûners des garçons de bonne humeur*; cette réunion avait été fondée par M. Etienne (actuellement député), Désaugiers, Servières, Morel, Dumaniant, Martainville, Gosse et plusieurs hommes de lettres, tous gens d'esprit et de gaîté.... Leurs chansons étaient aussi publiées par numéros. Cette société ne dura que quinze ou dix-huit mois.

Dans le courant de l'année 1813, une société, rivale de celle du Caveau, fut fondée par les soins de Dusaulchoix, littérateur estimable et publiciste distingué; cette société marcha pendant quinze ans sur les traces de ses aînées.

Parmi ses convives, il faut placer en première ligne C. Ménestrier, enlevé tout jeune à la chanson; Hyacinthe Leclerc, dont la facture originale rappelle quelquefois Béranger; Etienne Jourdan, Carmouche, Frédéric de Courcy, Antier, Camille, Ramond, P. Ledoux, et surtout le jeune Edouard Revenaz, qui a composé plusieurs chansons très remarquables.

Ainsi, les sociétés chantantes changent de noms, de forme, mais ne meurent jamais chez nous, parce que la chanson tient essentiellement à notre sol, à nos mœurs; c'est une plante indigène que rien ne pourra déraciner. L'enfant jette une pierre au pédant qui le contrarie; le Français lance un couplet au puissant qui l'opprime.

On ne saurait comprendre combien le goût de la chanson s'était répandu en France, et à Paris surtout, dans les premières années de la restauration. En 1818, le nombre de ces sociétés était incalculable.

Après avoir parlé de l'aristocratie de la chanson, je vais essayer de tracer le portrait d'une de ces réunions bachiques, où se rassemblaient des ouvriers, des artisans, des gens en veste, gens qui ne sont pas les moins gais, ni les moins spirituels.

Il existait à Paris, à cette époque, la société des *Lapins*, la société du *Gigot*, la société des *Gamins*, la société des *Lyriques*, la société des *Joyeux*, la société des *Francs-Gaillards*, la société des *Braillards*, la société des *Bons-Enfans*, la société des *vrais Français*, la société des *Grognards*, la société des

Amis de la Gloire, et cent autres sociétés dont j'ai oublié les noms, ou, pour mieux dire, dont je n'ai jamais su les noms.

J'avais un mien parent, commissaire-priseur, grand amateur de chansons, et qui aurait volontiers manqué dix ventes à l'hôtel Bullion, plutôt qu'une goguette à l'Ile-d'Amour... C'était un intrépide, un *gobletteur quand même* !... Il n'aurait pas reculé devant la *mère Radis*, pourvu qu'il eût été certain d'y entendre un couplet.

Mon cousin le commissaire-priseur arrive un jour tout essoufflé : « Cousin, me dit-il, je viens pour vous conduire dans une réunion qui vous fera plaisir; je veux vous mener dîner chez les *enfans de la gloire* !... » Moi, qui ai toujours aimé la gloire, moi qui l'ai chantée, n'importe sous quelle bannière elle a brillé, j'accepte l'invitation.

« Je vous préviens, ajoute mon cousin, que vous allez vous trouver avec des ouvriers, des artisans; c'est tout-à-fait une société populaire. — Parbleu! lui dis-je, j'aime beaucoup le peuple, *surtout quand il chante....* » Nous partons tous deux, bras dessus, bras dessous; nous voici rue du Vert-Bois, ou rue Guérin-Boisseau, je ne me souviens pas au juste : je ne suis pas obligé de me rappeler le nom d'une rue. Nous entrons dans un modeste cabaret ; la bourgeoise, qui était une grosse joufflue, nous dit avec un certain air de prétention : « Ces messieurs sont-ils de la société? — Oui, madame. — Conduisez ces messieurs à la société. »

Nous traversons la boutique, ensuite une petite cour carrée, aux quatre coins de laquelle il y avait les quatre tilleuls obligés, et nous nous trouvons dans une salle basse et noire.

Là, point de service damassé, point de surtout en cristal, point de fleurs dans des vases, point de couverts à filets, point d'aiguières en argent ni en vermeil; mais une table de bois de bateau, recouverte d'une nappe de toile écrue, des assiettes en faïence brune, des couteaux en forme d'eustaches, des verres communs et ternes, un pain rond de douze livres au moins, du sel et du poivre dans des soucoupes ébréchées. Une bouteille de vin rouge était placée devant chaque assiette : deux bancs de bois de chaque côté de la table ; seulement, au haut bout pour le président,

Un tabouret de paille
Qui s'était sur trois pieds sauvé de la bataille (1).

(1) Mathurin Reignier, LE MAUVAIS GITE, satyre.

Quand je fus au milieu des *Amis de la Gloire*, mon cousin me présenta au président, qu'il me dit être compagnon menuisier. Je pensai à maître Adam, et cette analogie me fit sourire.

Les autres convives étaient des serruriers, des vitriers, des peintres en bâtimens, etc. Je remarquai un gros papa qui avait un ventre effrayant et des favoris affreux; il était débraillé, sans cravate, et suait tant qu'il pouvait. On m'apprit que c'était le charcutier d'en face. Je l'avais déjà deviné : les charcutiers ont une physionomie à part.

La grosse dame que j'avais vue au comptoir apporta, dans un énorme saladier, une gibelote de lapin dont, en entrant, j'avais senti l'odeur, il embaumait le lard et les petits oignons. Vinrent ensuite le carré de veau, la barbe de capucin flanquée de betteraves, un morceau de fromage de Gruyère; deux assiettes de mendians fermaient la marche.

On se mit à table ; on me plaça à côté du président : « Monsieur, me dit-il, ici chacun a sa bouteille ; si le rouge vous incommode, vous avez *celui* de demander du blanc. » Je répondis que le rouge ne m'incommodait pas.

Je mangeai de bon appétit. La gibelote de lapin me parut délicieuse, je dis de lapin, parce que c'est la foi qui sauve, et que j'ai le bonheur de croire.

Pendant le dîner, on ne parla que du grand Napoléon... « Hem ! disait l'un, *c'est celui-là qu'en valait bien un autre*... Hem ! oui... *qui n'était pas feignant, comme on dit chez nous...* Hem !.., *s'il n'avait pas été trahi à Waterloo !* Hem !... *qui n'est pas mort pour tout le monde.*

« Ah ! oui... dit le charcutier en s'essuyant le visage (car le malheureux ne faisait pas d'autre métier), *le petit caporal vit encore... et il leur z-y en fera voir de toutes les couleurs......* — *Il n'en faut pas tant, des couleurs,* reprit le peintre en bâtimens, avec un sourire de Méphistophélès... *qu'on nous en donne seulement trois, des couleurs...* » A ce mot de *trois couleurs*, les applaudissemens partirent de tous les points de la salle ; j'ai vu le moment où l'on allait crier *vive l'empereur !*.. Alors la conversation prit une teinte tout-à-fait politique.

Je m'aperçus que j'étais dans une réunion séditieuse, et je pensai que si le commissaire du quartier venait à faire sa ronde, il pourrait faire évacuer la salle et envoyer les *Enfans de la Gloire* à la préfecture de police. Je comptai combien nous étions ; quand je vis que le nombre ne dépassait pas *dix-neuf*, c'est bon, me dis-je, *nous sommes dans la loi.*

Le moment de chanter étant venu, le président fit l'appel nominal, et quand chacun eut répondu, en portant la main droite au front, le n° 1 monta sur la table, et chanta d'une voix de stentor :

> Salut ! monument gigantesque
> De la valeur et des beaux-arts ;
> D'une teinte chevaleresque
> Toi seul colores nos remparts.
> De quelle gloire t'environne
> Le tableau de tant de hauts faits :
> Ah ! qu'on est fier d'être Français
> Quand on regarde la colonne !

A chaque couplet, les convives se regardaient, se faisaient des yeux ; j'en ai vu qui pleuraient. Le n° 2 ne se fit pas attendre. Je me souviens encore qu'il chanta un couplet dont le premier vers était :

> Sur son rocher de Sainte-Hélène,

et qui finissait par celui-ci :

> Honneur à la patrie en cendre !

Du reste, toutes les chansons respiraient le plus pur napoléonisme ; c'était toujours :

> Il reviendra le petit caporal.
> Vive à jamais la redingote grise !
> Honneur, honneur à not' grand empereur !

Je demandai si l'on ne chantait que des couplets qui eussent rapport au grand Napoléon : « Monsieur, me répondit mon voisin, je vais vous dire, nous sommes tous ici des bons enfans *qu'a servi* ensemble ; nous ne, *reconnaissons* que deux choses, l'empereur et la colonne. »

Quand mon tour de chanter fut arrivé, tous les yeux se tournèrent vers moi, au point que je devins timide et embarrassé. Je me défendis de mon mieux, mais avec la modestie d'un auteur qui n'est pas fâché qu'on le prie un peu. Je dis à ces bonnes gens que j'étais venu pour les entendre. Le président fit faire silence ; il fallut se résigner. On me fit un honneur ; je fus dispensé de monter sur la *table*. Je n'ai jamais su pourquoi. Bien que je possède un volume de voix assez étendu, je craignais qu'elle ne parût faible et flûtée à côté de celles des *Amis de la Gloire* ; car ces lurons-là avaient tous des voix de tonnerre ; c'étaient des *petits Dérivis* dans son bon temps.

Je chantai une chanson que j'avais faite en 1809, et dont le refrain était : *Comme on fait son lit on se couche.* Lorsque j'eus chanté ce couplet :

> Bravant la chance des combats,
> Lorsque leur chef les accompagne,

> Voyez tous nos jeunes soldats
> En chantant faire une campagne !
> Ils brûlent, ces braves guerriers,
> Jusqu'à leur dernière cartouche,
> Puis ils dorment sur des lauriers :
> Comme on fait son lit on se couche.

Je laisse à penser l'effet que produisirent *guerriers* et *lauriers*... ce fut une explosion, un délire, une rage... On criait : *bis* !.. encore, encore !... Tous les convives parlaient ensemble ; on m'entourait, on me serrait la main : tout le monde m'embrassa, même le charcutier, après s'être essuyé le front, bien entendu.

On proposa mon admission séance tenante. Je répondis que j'étais très sensible à cette marque de bienveillance, mais que je craignais de ne pouvoir assister régulièrement aux séances. On me nomma associé libre ; on me fit promettre de revenir quelquefois ; je promis, mais je jurai en moi-même de n'y jamais remettre les pieds.

J'avais assez bien supporté le vin et les chansons ; mais je craignais les accolades ; les baisers fraternels me tenaient au cœur ; longtemps après j'en étais encore poursuivi, comme *le père Sournois par un songe* : le charculier surtout n'a jamais pu s'effacer de ma mémoire...

Après avoir cité avec orgueil les noms des maîtres de la gaie science, il est juste que je mentionne honorablement d'autres noms, moins grands sans doute, mais qui méritent aussi un souvenir.

Parmi les chansonniers qui brillaient dans les sociétés plébéïennes dont je viens de parler, on remarquait en première ligne Emile Debreaux, Dauphin, Marcillac, et d'autres qui ont fait des chansons pleines de verve, de patriotisme et de gaîté.

Je dois parler des chansonniers des *rues*, des faiseurs de *complaintes*, parmi lesquels on comptait les Duverny, les Cadot, les Aubert, les Collaud, poètes qui tous ont eu de la renommée dans leur temps, et qui nous ont laissé des successeurs.

Aujourd'hui la chanson des rues a suivi le torrent politique; elle a son côté gauche, son côté droit, et même son juste-milieu. Si vous voulez un échantillon de couplets contre les émeutes, en voici un de M. Lebret, que je copie textuellement :

Quoique consul, Bonaparte sut s'y prendre
Pour appaiser tout genre d'opinion;

> De grands travaux il a fait entreprendre ;
> L'on ne pensait qu'à son occupation.
> Il appuya aussi des lois sévères,
> En se montrant à la tête de tout ;
> Mais il n'est plus cet homme qu'on révère...
> Pleurons, Français, nous avons perdu tout !

Je sais que, sous le rapport du style et de la versification, quelques critiques pourraient peut-être trouver à reprendre à ce couplet ; bien des gens riront de l'ingénuité de ce vers :

> L'on ne pensait qu'à son occupation.

Eh bien ! moi, j'y vois le secret de la politique de Bonaparte... et peut-être aussi de sa puissance.... *On ne pensait qu'à son occupation...* Pesez bien ces mots !.. *On ne pensait qu'à son occupation....* c'est-à-dire, on ne se mêlait pas des affaires de l'état, on ne critiquait pas le budget, la liste civile, on ne courait pas les rues comme des fous ; enfin, *on ne pensait qu'à son occupation....*

Une complainte sur le *choléra-morbus,* par M. de Courcelle, me paraît le chef-d'œuvre du genre. Elle est sur l'air *Fleuve du Tage :*

> Pleurons sans cesse
> De Paris les malheurs :
> Quelle tristesse !
> Tout le monde est en pleurs.

> Partout, sur son passage,
> Le choléra ravage
> Rues et faubourgs,
> Partout fixe son cours.
> Hélas! que de victimes
> A plongé dans l'abîme!
> Implorons Dieu...
> Qu'il fuie de ces lieux.

Cela me rappelle la complainte des fameux chauffeurs, qui finissait par ces quatre vers :

> Ils ont commis des crimes affreux,
> Ils ont commis tous les délires...
> Prions le Dieu miséricordieux
> Qu'il les reçoive dans son empire.

A présent que j'ai rendu à César ce qui est à César, et à Dieu ce qui est à Dieu, je me résume.

La chanson, qui, à sa naissance, était gaie, frondeuse, et presque toujours opposante, a fini, avec le temps, par oublier son origine ; dans l'espace de cinquante ans, nous l'avons vue flatteuse, caustique, gaie, triste, impie, athée, bigote, pauvre, riche, cupide, désintéressée ; enfin elle a suivi tous les partis, porté toutes les couleurs, et donné dans tous les excès.

Sous Louis XIV, ce monarque qui disait : « L'État c'est moi ! » *la chanson* mettait des paniers, du fard et des mouches, pour assister aux fêtes de Versailles.

Pendant la Régence, elle allait aux orgies du Palais-Royal, comme une fille... en bacchante... échevelée, la gorge nue... elle faisait des yeux à un laquais, se vautrait sur les genoux d'un mousquetaire, mettait ses doigts dans l'assiette du Régent, et trempait son biscuit dans le verre du cardinal Dubois.

La chanson a trouvé des refrains pour les vertus comme pour les crimes ; elle a célébré la *bonté de Louis XVI* et *les massacres des 2 et 3 septembre, la vertueuse Élisabeth à la Conciergerie*, et *Marat dans son égout* ; elle a vanté les grâces de Marie-Antoinette, de cette fille de Marie-Thérèse, qui n'a connu que les malheurs du trône.... Quand cette reine donnait un dauphin à la France, *la chanson* s'habillait en poissarde, allait à Versailles, à Trianon, lui portait des bouquets, et lui chantait sur son passage :

> La rose est la reine des fleurs,
> Antoinette est la rein' des cœurs.

Pauvre femme !.. pauvre mère !!.. pauvre reine !!!... elle croyait peut-être à ces cris de joie... à ces démonstrations d'amour !.. Eh bien ! quelques années après, *la chanson*, vêtue en tricoteuse, suivait la *charrette* de Samson, et criait à cette malheureuse princesse :

> Madam' Veto avait promis
> De faire égorger tout Paris ;
> Mais son coup a manqué,
> Grâce à nos canonniers.
> Dansons la carmagnole !
> Au bruit du son du canon !

Quand Napoléon se fit empereur, *la chanson* courut la première au-devant de lui, se jeta à son cou comme une folle, lui donna les noms les plus doux, les plus beaux ! Elle l'appelait César, Alexandre, Auguste, Trajan ; c'était son Dieu, son héros, son idole, son chéri..... elle le flattait, le caressait, le baisait sur les deux joues, et lui cornait aux oreilles soir et matin :

> Vive, vive Napoléon !
>   Qui nous baille
>   De la volaille,
> Du pain et du vin à foison.
> Vive, vive Napoléon !

Comme elle l'avait suivi à pied en Égypte, en Italie, elle le suivit encore en Russie. Elle avait pris pour le séduire le costume d'une vivandière ; elle riait avec les vieux grognards qui lui pinçaient la taille ; elle couchait au bivouac, sur l'affût d'un canon ;

dînait à la table des officiers, et buvait la goutte avec les tambours. En 1814 et 1815, elle escorta le grand capitaine à l'île d'Elbe, puis à Sainte-Hélène, en faisant entendre contre lui ce refrain ignoble :

> Faut qu'il parte d' bon gré z'ou d' force
> Nous n' voulons plus d' l'ogre d' la Corse :
> A bas, à bas l'ogre d' la Corse

A la restauration, *la chanson* se fit sentimentale et pleureuse, elle fréquentait les salons du faubourg Saint-Germain, elle hantait les églises... Voyez-vous la Tartufe ! — Voyez-vous la jésuite !

Qui croirait que cette *chanson* si gaie, si folle, si indépendante, a donné même dans les cantiques !... qui croirait qu'on l'a entendue, à Saint-Roch et à Saint-Etienne-du-Mont, psalmodier d'une voix douce et pieuse, sur un air de la *Marchande de goujons* :

> C'est Jésus (ter.)
>   Qu'on aime
> Plus que soi-même ;
>   C'est Jésus (ter.)
> Qu'il faut aimer le plus.

Le 20 juillet 1830, *la chanson* était encore dévouée à la branche aînée des Bourbons, elle redisait encore *Vive Henri IV* et *Charmante Gabrielle* ; mais les 27, 28 et 29, elle criait dans Paris en faisant des barricades pour les chasser.

> En avant! marchons
> Contre leurs canons,
> A travers le fer, le feu des bataillons,
> Courons à la victoire!

Pauvre *chanson!* comme elle s'est prostituée!

On dit qu'en France tout finit par des chansons, même les révolutions... Voilà cinquante ans que nous chantons la nôtre, et elle recommence toujours. Que faire à cela?... attendre et chanter.

CHANSONS

NOUVELLES

DE N. BRAZIER.

PROFESSION DE FOI.

1830.

Air du Vaudeville des Blouses.

Ah ! dans ces temps si féconds en orages,
Heureux l'auteur, à son destin soumis,
Qui peut offrir sa vie et ses ouvrages
A ses amis comme à ses ennemis !

Pour la grandeur, les titres, la richesse,
Jamais mon luth n'a soupiré des sons ;
La France fut ma première maîtresse,
La France aura mes dernières chansons.
J'avais dix ans lorsqu'aux bords de la Meuse
Nos bataillons prirent un noble essor,
Ils répétaient une chanson fameuse...
Je la chantais, n'en pouvant faire encor.
Quand il marchait de victoire en victoire,
Quand Bonaparte était partout vainqueur,
Ah ! pour ne pas célébrer tant de gloire,
Il eût fallu n'avoir ni voix ni cœur!...
Quand il tomba, ce géant des batailles,
Quand il tomba, sans paraître abattu,
Pour voir passer nos grandes funérailles,
Pleurant tout bas alors je me suis tu.
Des étrangers la France était la proie,
Nous gémissions sous leur joug inhumain;
J'ai salué les Bourbons avec joie,
Ils revenaient une charte à la main.
Sur nos revers si j'ai versé des larmes,
En recueillant tous nos beaux faits épars,
J'osais vanter la gloire de nos armes
Quand les Kalmoucks salissaient nos remparts!

Ai-je assez ri des ventrus et des truffes ?
Ai-je assez fait de couplets sur les croix ?
Et n'ai-je pas, en frondant les Tartuffes,
Dit bien souvent des vérités aux rois ?
Lorsque d'un mot la loi fut violée,
J'ai fait entendre un soupir de douleur ;
Mais je conserve à la race exilée
Tout le respect que l'on doit au malheur !
Fuyant la geole et narguant son concierge
La liberté vint rajeunir mes jours ;
Je la voulais blanche comme une vierge,
Et c'est ainsi que je la veux toujours.
Ah ! dans ces temps si féconds en orages,
Heureux l'auteur, à son destin soumis,
Qui peut offrir sa vie et ses ouvrages
A ses amis comme à ses ennemis !

A MON VOISIN BÉRANGER

EN LUI ENVOYANT LE PREMIER VOLUME DE MES CHANSONS.

Passy, décembre 1834.

Air : J'entends au loin l'archet de la folie.

Cher Béranger, de chanter tout le monde,
Je n'eus jamais le risible travers,
Chez toi, voisin, où le génie abonde,
J'ai grand plaisir à glisser quelques vers.
Mais en cédant à la vieille coutume,
A ton malheur ma muse compâtit.
Tu pourras lire aisément mon volume,
Il est petit, bien petit, tout petit,
Petit, petit, bien petit, tout petit.

De mon voisin dont le pays s'honore,
Et dont l'Europe a redit les chansons,
Si j'avais pu saisir le luth sonore
J'aurais appris à moduler des sons.
Mais au village aussi bien qu'à la ville,
Depuis long-temps Apollon m'avertit,
Que dans mes mains le luth du vaudeville
Sera toujours bien petit, tout petit,
Petit, petit, bien petit, tout petit.

Qu'est devenu ce temps si regrettable?
Je m'en souviens, oui, naguère au Caveau,
Oui, nous étions tous deux voisins à table,
Quand je buvais j'étais à ton niveau.
Voyez un peu comme l'orgueil nous gagne,
Voyez aussi comme il se ralentit :
Quand tes chansons remplaçaient le champagne,
J'étais petit, bien petit, tout petit,
Petit, petit, bien petit, tout petit.

Que je vous plains, au fond de vos retraites,
Célébrités qui vous cachez à nous !
Les méchans vers et les mauvais poètes
Bon gré, mal gré, veulent entrer chez vous;

Mais toi, tu peux répondre à qui te flatte,
Quand il devrait en montrer du dépit :
« Mon logement est celui de Socrate,
« Il est petit, bien petit, tout petit,
« Petit, petit, bien petit, tout petit. »

En te chantant ce que j'aime à redire,
Peut-être, hélas! ma voix aura faibli;
A mes couplets si tu daignes sourire,
Ton nom pourra les soustraire à l'oubli.
Près du talent, heureux de trouver grâce,
Accueille-les, car je t'en avertis,
Dans tes papiers ils tiendront peu de place,
Ils sont petits, bien petits, tout petits,
Petits, petits, bien petits, tout petits.

LES CONSOLATIONS DU PEUPLE.

A L'OMBRE DE MAZARIN.

1856.

Air : Tant que l'on boira, larirette.

Honneur à ce grand ministre,
A l'étranger Mazarin ;
Jamais d'un arrêt sinistre
Il ne frappait un refrain !
Voilà pourquoi l'on enregistre
Son nom sur chaque tambourin.
    Laissez le Français
      Chanter en paix,
        Puisqu'il a
        Soif de la

Chansonnette;
Tant qu'il chantera,
Larirette,
Le peuple paiera,
Larira.

La chanson est née en France,
Qui donc pourrait le nier ?
Elle adoucit la souffrance,
Gloire au premier chansonnier !
Elle va porter l'espérance
Dans la chaumière et le grenier.
Laissez le Français
Chanter en paix
Puisqu'il a
Soif de la
Chansonnette;
Tant qu'il chantera,
Larirette,
Le peuple paiera,
Larira.

S'il voit le luxe et l'audace
De tant d'illustres pieds-plats,

S'il voit tant de gens en place
Si vains, si gros et si gras,
Ce pauvre peuple, il est cocasse...
Pour toute plainte il dit tout bas :
    « Laissez le Français
     « Chanter en paix
      « Puisqu'il a
      « Soif de la
      « Chansonnette ;
   « Tant qu'il chantera,
     « Larirette,
    « Le peuple paiera,
     « Larira. »

Payer, voilà notre histoire ;
Il faut bien s'y conformer.
Notre sang paya la gloire
Que l'*autre* fit tant aimer !...
A l'octroi, nous payons pour boire,
Aux droits réunis pour fumer.
    Laissez le Français
     Chanter en paix
      Puisqu'il a

Soif de la
Chansonnette;
Tant qu'il chantera,
Larirette,
Le peuple paiera,
Larira.

Le Français, d'humeur légère,
Plaisante sur chaque objet;
Mais à maint excès contraire
Quelquefois il est sujet.
Ne le mettez pas en colère,
Surtout quand on vote un budget!...
Laissez le Français
Chanter en paix
Puisqu'il a
Soif de la
Chansonnette;
Quand il se taira,
Larirette,
Plus il ne paiera,
Larira.

L'ANNIVERSAIRE.

Juillet 1831.

Air de la Romance de Joseph.

Jusqu'à ce jour aucune plainte
N'a troublé nos chants glorieux,
Mais il est temps que la complainte
Remplace les refrains joyeux.
Je vais, dans des vers déplorables,
Sur un air qui n'est pas très neuf,
Pleurer les trois jours mémorables
Des 27, 28 et 29. } *(bis.)*

Tu croyais, bon peuple de France,
Que de tes princes étant veuf,
Tu mangerais en abondance
Du veau, du mouton et du bœuf.

Mais, en changeant tes destinées,
Au moins s'ils te donnaient un œuf,
Ceux qui dévorent les journées
Des 27, 28, et 29 !

Peuple brave, peuple modeste,
Sous la mitraille on te voyait;
Et l'on trouve encor sur ta veste
Les trous des balles de Juillet.
En attendant que la patrie
T'habille en Louviers, en Elbeuf...
Ne mets pas à la loterie
Les 27, 28 et 29.

PRIONS!...

Août 1830.

Air nouveau.

La paix renaît, la foudre au loin s'apaise ;
De ces trois jours qu'on nomme glorieux
Le souvenir et m'attriste et me pèse,
Et vers le ciel j'aime à lever les yeux!...
Pour célébrer des gloires meurtrières,
Un Dieu me dit : « Cherche de doux accords ;
« Tous les tombeaux demandent des prières,
« Prions, prions pour tous ceux qui sont morts ! »

Ah ! dans nos temps de discorde publique,
Quand on mourait sans honte et sans effroi,
Vergnaud criait : Vive la république !
Et Durosoi criait : Vive le roi !

Sur l'échafaud, dans nos premiers orages,
Qu'ont-ils reçu pour prix de leurs efforts ?
La même palme et les mêmes outrages...
Prions, prions pour tous ceux qui sont morts !

Et, quand de sang la France est inondée,
Peindrai-je encore en ce sombre tableau,
Nos pères morts aux champs de la Vendée
Et leurs enfans aux champs de Waterloo ?
Gardons-nous bien, dans des jours plus prospères
En réveillant de funestes discords,
De séparer les fils d'avec les pères...
Prions, prions pour tous ceux qui sont morts !

Il est donc vrai que, marquant ses victimes,
La liberté s'achète avec du sang !...
Depuis trente ans, que de trépas sublimes !
Que de héros morts pour ce mot puissant !
Que nos neveux conservent leur mémoire,
Et comme nous ils rediront alors :
« Nous leur devons la liberté, la gloire...
« Prions, prions pour tous ceux qui sont morts! »

ALICE ET RAYMON.

1834.

Air : D'une amante abandonnée.

En quittant la Terre-Sainte,
Un chevalier de renom
Exhalait ainsi sa plainte :
Alice a trahi Raymon !
Quel coup l'amour me destine,
Aurais mieux aimé cent fois
Aux champs de la Palestine
Mourir en vengeant la croix !

De leurs attraits dépouillées,
Vais lui rendre ses couleurs,
Que j'ai bien souvent mouillées
De mon sang et de mes pleurs.

Ne veux rien garder de celle
Qui m'a si long-temps charmé...
Pour que rien ne me rappelle
Qu'avais pu me croire aimé.

Dans une extase charmante
Où tout seuls nous nous plaisions,
Souviens-toi, perfide amante,
Des temps où nous nous disions :
 « Point ne voulons de richesse,
 « Fi des cœurs intéressés !
 « Quand on s'aime avec tendresse
 « On est toujours riche assez ! »

Quand vas devenir la femme
Du vieux seigneur Dablancour,
Ainsi qu'une grande dame
Tu brilleras à la cour.
Bien qu'ayant à ton service
 Tous les écuyers du roi,
N'auras jamais, pauvre Alice,
De serviteur tel que moi.

Ne crains pas qu'un coup précoce
Avance ma triste fin :

Si c'est pour demain ta noce,
Ne veux mourir que demain.
Nous verrons, ta noce faite,
Si tu vivras sans remords :
Toi, sous des habits de fête,
Moi, couvert du drap des morts.

A peine le jour approche,
Voici que les villageois
Entendent sonner la cloche
A deux couvens à la fois;
Des deux côtés l'on s'écrie,
En se hâtant d'accourir :
« C'est Alice qu'on marie,
« C'est Raymon qui va mourir. »

LA CHASSE.

Air : J'ons un curé patriote.

Quoi qu'un censeur dise ou fasse,
Armé d'un malin couplet,
Nous pouvons donner la chasse
A tout ce qui nous déplaît.
Allons, messieurs, commençons !
Profitez de mes leçons,
Et chassons, oui, chassons,
Les ennuis et les soupçons
  Par nos chansons ! (*bis.*)

Au doux besoin qui nous presse,
Par mille moyens trompeurs,
Orphise oppose sans cesse
Des migraines, des vapeurs.

Pour faire tant de façons,
La coquette a ses raisons;
Mais chassons, oui, chassons
Ses langueurs, ses pamoisons,
　　Par nos chansons.

On aime toujours à rire,
Jamais on n'aime à pleurer;
Le drame tient du délire,
Pourquoi ne pas l'enterrer?
Fi de ses contorsions!
Fi du poison, des prisons!
Ah! chassons, oui, chassons
Le drame et ses noirs frissons
　　Par nos chansons!

Si l'on pensait qu'avec l'âge
Chez nous le besoin s'accroît,
Retiré dans son ménage
Comme on serait morne et froid!
Nous, sur l'avenir glissons;
Du présent seul jouissons,
Et chassons, oui, chassons,

Le temps que nous maudissons
    Par nos chansons.

Dans un repas délectable,
Si la raison veut nous voir,
Pour dîner à notre table,
Permettons-lui de s'asseoir.
Au dessert quand nous passons,
Soyons gais comme pinsons,
Et chassons, oui, chassons,
Dame raison sans façons
    Par nos chansons.

Chansonniers remplis de grace,
Lisez-moi jusqu'à la fin;
Et si ma chasse vous lasse,
Dites tous dans mon refrain :
« Chers convives, finissons,
« Profitons de ses leçons,
« Et chassons, oui, chassons
« Sa chanson par nos chansons,
    « Par nos chansons ! »

VAUDEVILLE.

Air : Vaudeville de la cheminée de 1748.

On dit que l'abbé d'Olivet
Était malin par caractère,
Et qu'avec un mot il savait
Forcer la critique à se taire.
Lui montrait-on des vers bien lourds,
Ou de la prose monotone,
En riant, il disait toujours :
« Ça ne fait de mal à personne. »

En me livrant à mes penchans,
Fier d'une autorité pareille,
Je pourrai braver les méchans
Qui bourdonnent à mon oreille.

Et si quelque censeur madré
Demande pourquoi je chansonne,
A mon tour, je lui répondrai :
« Ça ne fait de mal à personne. »

« A quatorze ans, disait Toinon,
« Mes yeux, ma blonde chevelure,
« Mon air mutin, mon pied mignon
« Faisaient au cœur mainte blessure. »
Tout change ici bas, et j'entends
Les galans dire à la friponne :
« Ma chère enfant, depuis long-temps,
« Ça ne ne fait de mal à personne. »

Figeac, devant un écolier,
Agitait une longue brette;
Le jeune homme allait s'effrayer
Et voulait fuir..... mais je l'arrête.
« Oh! lui dis-je, on peut approcher;
« Bien que cette lame soit bonne;
« Allez, on peut même y toucher,
« Ça ne fait de mal à personne. »

« Chez vous je ne dînerai pas, »
Disait Arpagon à Moncade;
« Car avec tous vos grands repas
« Vous rendez le monde malade...
« Lorsque par hasard je reçoi,
« Je prends garde à ce que je donne;
« Aussi, quand on dîne chez moi,
« Ça ne fait de mal à personne. »

Quand un sage me soutiendra
Que vivre pauvre est son envie,
Attendu qu'un jour il faudra
Quitter tous les biens de la vie :
C'est très beau; mais, sans contredit,
En attendant que l'heure sonne,
Bon feu, bonne table et bon lit,
Ça ne fait de mal à personne.

ARRIVE QUI PLANTE.

Air : Le saint craignant de pécher.

Nous voyons des sots, des fous,
   Des poltrons, des braves;
Nous voyons planter des choux
   Et planter des raves;
Les uns plantent un bouquet,
D'autres plantent le piquet :
   Vieil épicurien
   Qui ne plante rien
     Se gaudit
     Et se dit :
« J'ai l'âme contente,
« Arrive qui plante ! »

Quand jadis, pour nous punir,
   Dieu fit le déluge,

Noé sut se prémunir
　Contre ce grabuge,
Et quand le ciel fut serein,
Aussi léger qu'un serin,
　Noé, bon humain,
　La vigne à la main,
　　Sur le haut
　　D'un côteau
　Apparaît et chante :
　« Arrive qui plante ! »

L'an passé le vieux Lindor
　Épouse Euphrasie :
Pour elle il n'a pas encor
　Eu de jalousie;
Dormant bien toutes ses nuits,
Le bonhomme, exempt d'ennuis,
　Quand le jour a lui,
　S'en va de chez lui;
　　Il sourit
　　Et se dit :
　« Ma femme est constante...
　« Arrive qui plante ! »

L'innocente Madelon,
Qui d'esprit pétille,
Disait : « Mon Dieu ! pourquoi donc
　« Suis-je toujours fille ?...
« Vous me dites qu'un époux
« Est méchant, grondeur, jaloux;
　« La sœur à Lucien
　« M'a parlé du sien;
　　« J'essaîrai,
　　« Je verrai,
　« J'en veux un, ma tante :
　« Arrive qui plante ! »

Dans le petit jardinet
　Du gai Vaudeville
Autrefois on moissonnait
　Des roses par mille;
　　Mais nos premiers
　　Chansonniers,
Dépouillant tous les rosiers,
　Se sont dit tout bas :
　« Prenons nos ébats;
　　« Après nous,

« Voyez-vous,
« Si l'on se présente,
« Arrive qui plante ! »

TOUT COMME UN AUTRE.

Air : Bouton de rose.

Tout comme un autre,
De ma chanson c'est le refrain.
Dans un genre tel que le nôtre,
Ce sujet pourrait mettre en train
    Tout comme un autre. (*bis.*)

Tout comme un autre,
Agathe laissez-vous charmer ;
Quelle frayeur est donc la vôtre ?....
Croyez-vous qu'on ne puisse aimer...
    Tout comme un autre ?

Tout comme un autre,
Pierre est mon ami, je le croi ;
Mais je sais que le bon apôtre
A souvent dit du mal de moi...
    Tout comme un autre.

Tout comme un autre,
Paul contre le pouvoir crîra;
Mais pour de l'or si l'on se vautre,
Paul pour de l'or se salira.....
Tout comme un autre.

Tout comme un autre,
Mon médecin est fort savant,
Mais dites votre patenôtre,
Car il enterre un bon vivant
Tout comme un autre.

TOUT DOUCEMENT.

Air du Cabaret.

Voulant, dans une noble extase,
Du Parnasse atteindre le haut,
Hier, je monte sur Pégase,
Croyant le conduire au galop.
Pégase rue et se démène,
Et m'avertit très prudemment
Qu'il faut que maint auteur le mène ⎫ (*bis.*)
Tout doucement, tout doucement. ⎭

Dans l'art de bien faire des dettes
Valcour est un rusé matois ;
Pour attraper les gens honnêtes
Il prend un air doux et courtois.
A tous ceux qui veulent l'entendre,
Valcour emprunte lestement,

Et court... dès qu'il s'agit de rendre,
Tout doucement, tout doucement.

Il est cent moyens de séduire
La beauté qui nous séduit tous ;
A ses pieds l'Espagnol soupire,
Le Turc la tient sous les verroux ;
Chez la prude ou chez l'ingénue,
L'Anglais s'introduit brusquement ;
Le Français galant s'insinue
Tout doucement, tout doucement.

Monsieur Claude adorait sa femme ;
Mais un soir, par malheur, voilà
Que dans ses bras elle rend l'âme.
Malheureux !... sa fenêtre est là !...
A ses chagrins, pour mettre un terme,
Il l'ouvre précipitamment...
Regarde en bas... et la referme
Tout doucement, tout doucement.

Avec sa femme, avec sa fille,
Ainsi qu'un jeune écervelé,
Chaque dimanche, à la Courtille,
Guillot monte au pas redoublé.

Guillot, que le bon vin agite,
Lève le coude promptement;
Le soir il regagne son gîte
Tout doucement, tout doucement.

A MON AMI PAUL DESPRET

QUI M'AVAIT ADRESSÉ UNE FORT JOLIE CHANSON.

1854.

Air : A soixante ans on ne doi pas remettre.

Mon cher Despret, j'ai reçu par la poste
Certain billet que mon cœur gardera,
Et, sur-le-champ, tu vois que je riposte ;
Jamais, jamais, tant que Brazier vivra,
Un seul moment l'amitié n'attendra.
Voilà pourquoi j'ai cacheté bien vite
Ces trois couplets rimés en ton honneur,
Que j'ai chez toi portés de bien bon cœur,
En me disant : « Si je le trouve au gîte,
« Il recevra la lettre et le facteur. » *(bis.)*

Ton amitié jamais ne me refuse
Éloges francs, quelquefois trop complets,
Aussi ma muse est bien souvent confuse
En recevant tes aimables couplets,
Car à louer les autres tu te plais.
Si mes chansons, qui ne brillent qu'à table,
Le verre en main doivent se répéter,
Il m'est bien doux, tu ne peux en douter,
De les offrir au poète agréable
Qui sait en faire et qui sait les chanter.

Mes gais refrains charmeront ta demeure,
Jusqu'à la fin tu veux les fredonner.
Oui, chante-les jusqu'à ta dernière heure,
Et que le ciel, prompt à la détourner,
De bien long-temps ne la fasse sonner!...
Joyeux luron, du fond de ma retraite,
Heureux la veille, heureux le lendemain,
Je fais le vœu, jusqu'au bout du chemin,
De t'applaudir cent ans comme poète,
Et, comme ami, de te presser la main.

LES PAVÉS.

Air : J'ai pris goût à la république.

Aimant les vérités bien crues,
Messieurs, le pavé m'inspira ;
C'est un sujet qui court les rues,
Et le peuple m'applaudira.
Depuis dix-huit cent trente, en France,
On les a dix fois soulevés :
C'est un sujet de circonstance ;
Etendons-nous sur les pavés.

De tous côtés mon œil découvre
De vils flatteurs auprès des rois ;
On en a donc pavé le Louvre ?...
Ce sont les mêmes chaque fois.
En vain, pour leur donner la chasse,
Le peuple en armes s'est levé ;

La sottise est toujours en place
Et le talent sur le pavé.

En France, malgré l'anarchie,
Nos annales se conservaient;
Les beaux faits de la monarchie
Sur le marbre se retrouvaient.
De l'empire, les jours de gloire,
Sur le bronze furent gravés :
Quant à notre dernière histoire....
On la lira sur des pavés....

On n'avait pas le temps d'attendre,
Aux jours de nos premiers combats;
Tous les matins on allait prendre
Les officiers chez les soldats...
Ah! si la France vit éclore
Tant de généraux éprouvés...
Le canon en ferait encore
Sortir de dessous les pavés.

Mais changeons un peu de colloque.
Les fumeurs battent le briquet,

Les amans battent la breloque,
Collé, Piron battaient le guet;
Sablons, comme eux, bordeaux, champagne,
Et puis le banquet achevé,
Nos cerveaux battant la campagne,
Nous battrons gaîment le pavé.

CONSIGNE A MA PORTIÈRE.

1834.

Air : On dit que je suis sans malice.

Madame Pochet, à toute heure,
Trop de gens forcent ma demeure,
Quand ils rôderont à l'entour,
Fermez la porte à double tour.
Toujours exacte à la consigne,
Lorsque je vous aurai fait signe
Que c'est un ami que j'attends,
Ouvrez la porte à deux battans.   *(bis.)*

Qui sonne chez moi comme un diable?
C'est un usurier fashionable,

Un neveu de monsieur Vautour;
Fermez la porte à double tour.
Mais, demain, j'attends un brave homme
Qui m'a prêté plus d'une somme
Sans intérêts, avec du temps;
Ouvrez la porte à deux battans.

Si vous voyez, dans la journée,
Venir madame Fortunée,
Elle est un peu sur le retour;
Fermez la porte à double tour.
Mais ce soir, avant la nuit close,
J'ai donné rendez-vous à Rose;
Rose n'a pas encore vingt ans,
Ouvrez la porte à deux battans.

En'cabriolet, qui m'arrive?
Je sais, on veut que je m'inscrive
Pour aller au bal de la cour;
Fermez la porte à double tour.
Mais s'il s'agit d'une goguette,
Ou d'un grand bal... à la guinguette..,

Ces plaisirs-là sont plus tentans :
Ouvrez la porte à deux battans.

Voici le marguillier qui passe,
Il va quêter pour une châsse ;
Sans doute que j'aurais mon tour ;
Fermez la porte à double tour.
Je vois venir, courbé par l'âge,
Le bon curé de mon village ;
Il quête pour nos habitans :
Ouvrez la porte à deux battans.

On frappe... c'est monsieur Delorme,
Avec son superbe uniforme :
Il fut décoré l'autre jour ;
Fermez la porte à double tour.
Quand vous verrez ce militaire
Qui n'a rien à sa boutonnière,
C'est un de nos vieux combattans :
Ouvrez la porte à deux battans.

Le plus lourd de tous nos poëtes
M'apporte ses œuvres complètes ;

Je ne veux pas souscrire pour;
Fermez la porte à double tour.
Je vois un luron qui s'approche
Avec un Béranger en poche...
Pour tous les volumes chantans
Ouvrez la porte à deux battans.

ÇA N'AVANCE A RIEN.

CHANSON GRIVOISE.

Air : J'arrive à pied de la province.

Fi d'ceux qui n'ont pas d' courage !
   Vive un travailleur !...
Donnez-moi beaucoup d'ouvrage,
   Ça n'me f'ra pas peur.
Quand on veut s'tirer d'affaire,
   Et qu'on n'a pas d'bien,
N'faut pas rester à rien faire
   Ça n'avance à rien. (*bis*.)

Maint auteur est de lui-même
   Toujours satisfait,

Et dit, dès qui c'menc' un poème:
 « Ça s'ra bientôt fait.... »
Mais quand on n'a pas d'mérite,
 C'est un métier d'chien :
On a beau travailler vite,
 Ça n'avance à rien.

D'puis qu'on a marié Jeannette,
 A son vieux Grigoux,
A tout l' monde elle répète :
 « Dieu ! le triste époux !...
« Plus pour lui j'ai d' prévenances,
 « Plus j'y mets du mien ;
« Mes petits soins et mes avances,
 « Ça n'avance à rien. »

Du moment qu'un' petit' femme
 Vous r'gard' tendrement,
Contez-lui l'état d' vot' âme,
 Vous v'là son amant :
J'ai la preuv' que pour séduire
 C'est l' plus sûr moyen ;
Mais soupirer sans rien dire,
 Ça n'avance à rien.

Si, par malheur, d'une place
   Vous avez besoin ,
Montrez d' l'intrigue, d' l'audace ,
   Et vous irez loin.
N' citez pas vot' bonn' conduite ,
   C'est un pauvr' moyen ;
N' comptez pas sur vot' mérite ,
   Ça n'avance à rien.

Il est prouvé que la vie
   Pass' comme un instant ;
Et tout le monde s'écrie :
   C'est bien attristant !....
Eh! morbleu! faisons bombance ,
   Amusons-nous bien ;
Quand on s'afflig'ra d'avance ,
   Ça n'avance à rien.

S.

MORALE ÉPICURIENNE.

1854.

AIR : Nous n'avons qu'un temps à vivre.

Nous n'avons qu'un temps à vivre,
  Mes amis, songez-y bien;
  Ces mots valent tout un livre,
C'est le vrai code épicurien.

Jeunes beautés qui, par vos charmes,
  Avez su nous attendrir,
Dans les soupirs et dans les larmes
  Ne nous laissez pas mourir.

Nous n'avons qu'un temps à vivre,
  Mesdames, songez-y bien!...

Ces mots valent toutun livre,
C'est le vrai code épicurien.

Lorsque la fièvre me talonne,
  Mon docteur vient en riant;
Moi, sans attendre qu'il ordonne,
  Je dis en le renvoyant :

Nous n'avons qu'un temps à vivre,
  Médecins, songez-y bien !...
Ces mots valent tout un livre,
C'est le vrai code épicurien.

Vous, qui mangez tout aux épices,
  N'ayez pas l'air étonné,
En soupant à quatre services
  Que d'autres n'aient pas dîné.

Nous n'avons qu'un temps à vivre,
  Gros viveurs, songez-y bien !..
Ces mots valent tout un livre,
C'est le vrai code épicurien.

Pour des querelles passagères,
  Verrait-on couler le sang ?

Si les témoins, aux adversaires
  Disaient, en les embrassant :

Nous n'avons qu'un temps à vivre,
  Malheureux, songez-y bien !
  Ces mots valent tout un livre,
C'est le vrai code épicurien.

Vous qui, ne marchant qu'en arrière,
  Comme messieurs tels et tels ;
A peine entrés dans la carrière,
  Vous vous croyez immortels !!...

Nous n'avons qu'un temps à vivre,
  Grands hommes, songez-y bien !
  Ces mots valent tout un livre,
C'est le vrai code épicurien.

Vers le trône, jadis les hommes
  N'osaient élever la voix,
Au moins, à l'époque où nous sommes,
  Les peuples chantent aux rois :

Nous n'avons qu'un temps à vivre,
  Monarques, songez-y bien !

Ces mots valent tout un livre,
C'est le vrai code épicurien.

Voulez-vous ne jamais mal faire,
 Et vivre toujours gaîment,
Chaque soir, pour toute prière,
 Dites en vous endormant :

Nous n'avons qu'un temps à vivre,
 Jour et nuit, songeons-y bien !
Ces mots valent tout un livre,
C'est le vrai code épicurien.

LE POISON ET LE CONTRE-POISON.

1855.

Air de Calpigy.

Aujourd'hui qu'on trouve commode
De mettre l'horrible à la mode,
Pour me monter au diapason,
Je vais chansonner le poison.   (*bis.*)
Qu'ici nul de vous ne frissonne,
Je ne veux la mort de personne,
Car, d'après ma combinaison,
Vous aurez le contre-poison.   (*bis.*)

Pour Adèle ou pour Euphrasie,
Se consumer de jalousie,

Pleurer, tomber en pamoison,
Des amans, voilà le poison...
Le soir, auprès de sa couchette,
Tâcher d'obtenir en cachette
Un bon gros baiser de Suzon.
Ah! voilà le contre-poison.

Contre votre honneur qu'il dénie,
Enfanter une calomnie,
La vomir dans votre maison,
D'un lâche voilà le poison.
Mais l'amitié, dont la parole
Nous persuade et nous console,
Se charge de la guérison :
Ah! voilà le contre-poison.

Pour mieux terrasser l'athéisme,
Prêcher tout haut le fanatisme,
Parler d'enfer et de tison,
Des croyans, voilà le poison.
Prêcher qu'un Dieu, que rien ne blesse,
Doit pardonner à la faiblesse,

C'est le progrès de la raison :
Ah ! voilà le contre-poison.

Sur le bonheur de la patrie,
Des discours pleins de flatterie,
Et des mensonges à foison,
Des princes, voilà le poison.
Quand la vérité qui les touche
Arrive au trône par la bouche
D'un Suger ou d'un Lamoignon...
Ah ! voilà le contre-poison.

Un drame sur le suicide,
L'homicide, le parricide,
Un drame à poignard, à prison,
Du peuple voilà le poison.
Mais une pièce de Molière,
Représentée à la manière
De Préville et de Dugazon,
Ah ! voilà le contre-poison.

Du civet de chat pour du lièvre,
Qui vous répugne sur la lèvre,

(Excusez ma comparaison),
D'un gourmand, voilà le poison.
Avec un bordeaux sans reproche,
Un quart de chevreuil à la broche
Qui sente un peu sa venaison :
Ah ! voilà le contre-poison.

A table, parler de tactique,
De budget, ou de politique,
Ou de la glèbe, ou du blason,
Des rieurs voilà le poison.
Vienne une anecdote gaillarde,
Une historiette égrillarde,
Un vieux flonflon, un gai zon zon.
Ah ! voilà le contre-poison.

LE FROID.

Air : Dans la paix et l'innocence.

Qu'un gourmand dans son délire
Chante la table et le vin,
Qu'un amant monte sa lyre
Pour un objet tout divin ;
Chacun d'eux est dans son rôle,
Chacun use de son droit :
Mais convenez qu'il est drôle
Qu'un Brazier chante le froid.

Nous savons que dans ce monde,
Sans soufflet et sans réchaud,
Beaucoup de gens à la ronde
Soufflent le froid et le chaud ;

Pour faire mon vaudeville
Je serais moins maladroit
Si quelque rimeur habile
Voulait me souffler le froid.

Quand pour une bagatelle
Deux amis vont s'attaquer,
Aux miens je reste fidèle,
Et, loin de les provoquer,
Pour eux je me mets en quatre,
Car je pense en homme droit
Qu'il ne faut jamais se battre,
Pas même se battre froid.

Dumont à sa ménagère
Dit un soir, par un temps chaud :
« Tiens, s'il faisait froid, ma chère,
« Nous n'aurions qu'un lit bientôt. »
La pauvre dame brûlante
A son mari prit le doigt...
Et dit d'une voix tremblante :
« Tâtez donc comme j'ai froid. »

Lorsque rien ne nous amorce,
Moquons-nous d'un rimeur froid;
Si sa froideur nous y force,
Oublions un ami froid.
Enfin, si Damon nous glace,
Bâillons à son drame froid,
Mais, quoi qu'on dise ou qu'on fasse,
Gardons-nous de manger froid.

Pour quelques refrains comiques
Si je n'ai pas de succès,
Je m'attends que les critiques
Vont sur moi lancer leurs traits :
Mais si ma chanson fait rire,
A son auteur si l'on boit,
Tout ce qu'ils en pourront dire
N'y fera ni chaud ni froid.

J'ATTENDS.

1855.

Air : Tarare pompon.

Tel qui craint de faillir,
Dit tout haut d'un ton grave :
« La rime est une esclave,
« Elle doit obéir. »
Chez moi lorsque la rime,
N'arrive pas à temps ;
Jamais je ne m'escrime,
    J'attends.

En attaquant de front
Tous nos auteurs antiques,
Nos jeunes romantiques
Prétendent qu'ils auront

Une longue carrière,
Des succès éclatans :
En relisant Molière,
  J'attends.

« Lorsque Paul m'excédait
« De sa flamme discrète,
« Hélas! disait Laurette,
« Le monstre m'attendait.
« Trop certain de me plaire,
« Je fais depuis ce temps
« Ce que Paul devrait faire,
  « J'attends. »

Pour se montrer taquin,
L'un est bonapartiste,
L'autre est absolutiste,
L'autre républicain.
Ne voulant point paraître
Parmi les mal-contens,
J'aime mieux ne rien être,
  J'attends!

Pour faire un gai repas,
 Quand Charles avec Annette,

Agitait ma sonnette,
Charles n'attendait pas.
Je ne mets plus la nappe,
Aussi, depuis ce temps,
Chez lui lorsque je frappe,
  J'attends.

Pour réclamer mes droits,
Je veux voir le ministre;
Là, quand d'un air sinistre,
Je vois ouvrir vingt fois
A certain funambule
La porte à deux battans,
Moi, sous le vestibule,
  J'attends.

Dévoré par l'ennui
Et surtout par l'envie,
On méprise la vie,
Et pour faire aujourd'hui
Une fin plus marquante,
On se tue à vingt ans,
J'en ai passé cinquante,
  J'attends.

Toujours mon cœur croira
Qu'en fermant la paupière,
Mon œil à la lumière
Un jour se rouvrira.
Si demain je succombe,
Mes amis, je prétends
Qu'on lise sur ma tombe :
    « J'attends. »

On va voir, m'a-t-on dit,
Prospérer le génie,
L'esprit sans calomnie,
Les méchans sans crédit;
Droiture en politique
Et plus de charlatans.
Je ne suis pas sceptique,
    J'attends.

J'attends de nos traitans
Esprit, bonté, franchise,
J'attends un mot de Lise
Que j'attendrai long-temps;
J'attends l'amour, les roses,
Cent mille écus comptans.

Ah ! combien d'autres choses
J'attends !

Attendons pour monter
Au temple de mémoire,
N'attendons pas pour boire,
Pour rire et pour chanter.
Ah ! remplissez, de grâce,
Mon verre que je tends,
De peur qu'il ne se casse :
J'attends.

Messieurs, chacun son tour;
Allons, que vous en semble?
Ici, fêtons ensemble
Et le vin et l'amour.
De vos rimes légères
Les refrains sont chantans.
A vous, mes chers confrères,
J'attends.

LE PLI EST PRIS.

Air : Lundi pour une semaine.

J'entends dire aux jeunes hommes :
« Vous vous escrimez à tort ;
« Ah ! dans l'époque où nous sommes
« Pouvez-vous chanter encor ?... »
Moi, je leur réponds en face :
« Fâché de vous déranger...
« Que voulez-vous que j'y fasse ?
« Je suis trop vieux pour changer.

A quinze ans, j'aimais les femmes,
A vingt, je les adorais ;
A trente ans, de mille flammes
Je brûlais pour leurs attraits.

Puis, de quarante à cinquante,
Rien ne put me corriger.
Si j'allais dire à soixante,
Je suis trop vieux pour changer?

Mille buveurs sans vergogne
Me soutiennent aujourd'hui
Que le raisin en Bourgogne
Fait d'excellent vin d'Aï...
On dit que la mode en gagne
(Il faut tout encourager).
Moi, le mien vient de Champagne...
Je suis trop vieux pour changer.

Dans les chants que Dieu m'inspire
J'aime à demeurer Français;
J'ai célébré de l'empire
Et la gloire et les succès.
Mais au seul nom d'Henri quatre,
Qui fit pâlir l'étranger,
Je sens toujours mon cœur battre...
Je suis trop vieux pour changer.

LES CHIENS ENRAGÉS.

Juillet 1835.

Air : Allez-vous en gens de la noce.

Une ordonnance qui circule
Apprend aux badauds rassemblés
Que, le temps de la canicule,
Tous les chiens seront muselés.
Ah ! dans les chaleurs où nous sommes,
Le préfet nous a protégés,
Bien protégés, très protégés...
Mais sauvons-nous de certains hommes,
On voit tant de chiens enragés.

Je ne crains pas le moins du monde
Le caniche qui court les champs ;

Ce que je redoute à la ronde,
Messieurs, ce sont les chiens couchans.
Ah! dans les chaleurs où nous sommes,
Le préfet nous a protégés,
Bien protégés, très protégés...
Mais sauvons-nous de certains hommes,
On voit tant de chiens enragés.

Voyez venir, baissant la tête,
Cet enfant au front virginal;
Comme il caresse l'homme honnête
Qu'il va mordre dans son journal!
Ah! dans les chaleurs où nous sommes,
Le préfet nous a protégés,
Bien protégés, très protégés...
Mais sauvons-nous de certains hommes,
On voit tant de chiens enragés.

Comme ce chien-loup sans asile,
N'est-il pas enragé, celui
Qui rapporte au mari tranquille
Ce que sa femme fait chez lui?...

Ah! dans les chaleurs où nous sommes,
Le préfet nous a protégés,
Bien protégés, très protégés...
Mais sauvons-nous de certains hommes,
On voit tant de chiens enragés.

La calomnie a prouvé comme
On peut, quand on en est mordu,
Mourir de la bave d'un homme
Comme des crocs d'un chien perdu.
Ah! dans les chaleurs où nous sommes,
Le préfet nous a protégés,
Bien protégés, très protégés...
Mais sauvons-nous de certains hommes,
On voit tant de chiens enragés.

Les uns ont la rage d'écrire,
D'autres la rage de juger,
D'autres la rage de proscrire,
D'autres la rage d'outrager.
Ah! dans les chaleurs où nous sommes,
Le préfet nous a protégés,
Bien protégés, très protégés...

Mais sauvons-nous de certains hommes,
On voit tant de chiens enragés.

On devrait, à certaines dates,
Abattre, sur tous les chemins,
Et les bêtes à quatre pattes
Et les animaux à deux mains.
Ah ! dans les chaleurs où nous sommes
Le préfet nous a protégés,
Bien protégés, très protégés...
Mais sauvons-nous de certains hommes,
On voit tant de chiens enragés.

CONSEILS.

Air : Fournissez un canal au ruisseau.

De la vie, amis, jouissons,
Puisqu'elle passe comme un songe,
Par la gaîté, l'esprit et les chansons
Tâchons bien qu'elle se prolonge!...
Que jamais notre âge, au surplus,
Ne puisse nous servir d'excuse.
On est jeune tant qu'on s'amuse :
On est vieux quand on ne rit plus.

L'amour ne brille qu'au printemps,
Il est le Dieu de la jeunesse ;
Mais en hiver pour nous de temps en temps
Il se peut qu'un beau jour renaisse.

Eût-on soixante ans révolus,
Si notre cœur reste le même,
On est jeune tant que l'on aime,
On est vieux quand on n'aime plus.

Si l'amour nous laisse en chemin,
Notre tâche n'est pas remplie,
Alors du vin, du vin, toujours du vin;
C'est avec du vin qu'on l'oublie.
Du plaisir aimables élus,
Buvons du soir jusqu'à l'aurore.
Tant qu'on trinque, on est jeune encore,
On est vieux quand on ne boit plus.

A MM. LES ACTIONNAIRES
DU VAUDEVILLE (1).

Air : Et lonlanla landerirette.

Messieurs les actionnaires,
Avez-vous lu le journal?
Je vous vois dans vos affaires,
Comme on le dit, assez mal.
Craignez que dans votre asile
Momus ne soit assidu ;
Si l'on fait rire au Vaudeville, ⎫
Fermez la porte, il est perdu. ⎭ *bis.*

(1) Cette chanson fut faite vers l'année 1821, époque à laquelle le théâtre de la rue de Chartres ne donnait presque que des ouvrages musqués; elle devait servir de vaudeville final à une revue jouée aux Variétés à la même époque.

Le doratisme a des charmes,
Et surtout en ce moment,
Faites donc couler les larmes
Du cœur et du sentiment.
La gaîté chasse la bile,
On l'a toujours prétendu.
Si l'on fait rire au Vaudeville,
Fermez la porte, il est perdu.

Que jamais on n'y hasarde
Un propos leste ou grivois ;
Que jamais une poissarde
N'y fasse entendre sa voix.
De Vadé le joyeux style
Doit vous être défendu.
Si l'on fait rire au Vaudeville,
Fermez la porte, il est perdu.

Vous avez mis sur la scène
Maître Adam et Basselin,
Santeuil, Piron, La Fontaine,
Et Lesage, et Bancelin ;

Leur esprit, toujours facile,
Etait partout répandu.
Si l'on fait rire au Vaudeville,
Fermez la porte, il est perdu.

Si vous voulez plaire aux dames,
Entre nous, je vous le dis,
Laissez là les épigrammes,
Qui les égayaient jadis :
Arlequin, Cassandre et Gille
Ont assez pincé, mordu...
Si l'on fait rire au Vaudeville,
Fermez la porte, il est perdu.

Contre une triste musette
Echangez vos gais grelots ;
Au lieu d'une chansonnette,
Poussez de tristes sanglots ;
On dort d'un sommeil tranquille,
Lorsqu'en pleurs on a fondu.
Si l'on fait rire au Vaudeville,
Fermez la porte, il est perdu.

Dites à vos habilleuses
D'affubler, de peur d'erreurs,
Vos actrices en pleureuses,
Et vos acteurs en pleureurs ;
Que votre gai péristyle
Soit de noir toujours tendu.
Si l'on fait rire au Vaudeville,
Fermez la porte, il est perdu.

LES FILEURS.

Air : Il faut que l'on file, file, file.

Du bonheur j'ai la science,
Mon Dieu ! ce n'est presque rien....
La douceur, la patience
Font arriver tout à bien ;
A la cour comme à la ville,
Plus la tâche est difficile,
Plus nous devons dire à tous :
Mortels, il faut que l'on file, file,
Il faut que l'on file doux.

Adèle soutient la guerre
Quand son cœur est combattu ;
Pour ceux qu'elle n'aime guère,
C'est un dragon de vertu ;

Mais lorsqu'un amant habile
Lui parle d'un tendre style,
Adieu, sagesse et courroux...
Voilà ma vertu qui file, file,
Ma vertu qui file doux.

Quand on commence sa pièce,
Un auteur est triomphant :
Voyez comme il la caresse,
Voyez comme il la défend !
Mais qu'une cabale hostile
Dans la salle se faufile,
Au bruit d'un sifflet jaloux,
Voilà mon poltron qui file, file,
Mon poltron qui file doux.

Lucile de son ménage
Ne fait qu'un charivari ;
C'est un train, c'est un tapage,
Tout le jour ce n'est qu'un cri...
Que son mari, comme un Gille,
Aille chercher à Lucile
Des rubans, des bijoux...

Voilà mon diable qui file, file,
  Mon diable qui file doux.

  Voyez cet homme à moustache,
  Elevant partout la voix,
  Il vous dit : « Quand je me fâche,
  « Je me bats dix fois par mois!... »
  Eh bien! qu'un homme débile
  Lui dise d'un air tranquille :
  « A demain le rendez-vous... »
Voilà mon brave qui file, file,
  Mon brave qui file doux.

  En vain on cherche à médire
  D'un sexe né pour charmer ;
  On a beau faire et beau dire,
  Faible ou fort, il faut aimer.
  Hercule sut à la file
  Dompter des monstres par mille,
  Et près d'Omphale à genoux...
Voilà mon enfant qui file, file,
  Mon enfant qui file doux.

LE REFRAIN DE M. VAUTOUR.

1806.

Air : Quand la mer Rouge apparut.

A Paris, que d'importans
   Jamais ne reposent,
Pour charmer l'ennui du temps
   Toujours ils composent.
Sans esprit comme sans goût,
On les voit rimer sur tout.
   Pour moi, franchement,
   Je le dis gaîment:
     En ce jour,
     A mon tour:

Si je veux écrire :
C'est donc pour vous dire......

Que souvent un bon auteur
　　Travaille et s'applique
A tracer avec chaleur
　　Une œuvre comique,
Bien que ses vers soient fort beaux,
Sans égard pour ses travaux,
　　Bientôt les sifflets
　　Troublent son succès,
　　　Ou s'il plaît,
　　　En secret,
Chacun le déchire;
C'est donc pour vous dire......

Que l'esprit ne sert à rien,
　　Au siècle où nous sommes ;
L'argent est le seul moyen
　　De toucher les hommes.
Mais l'argent, sans la gaîté
Nuirait à notre santé;

Ainsi pour jouir,
Buvons à plaisir ;
Le bon jus
De Bacchus
Provoque le rire.....
C'est donc pour vous dire......

Qu'il faut en boire beaucoup
Lorsqu'on est à table ;
Le bon vin bu coup sur coup
Nous est profitable.
Mais à la fin d'un repas,
Gais lurons, n'oublions pas
Que l'amour est là ;
Or, d'après cela,
En tout lieu
De ce Dieu
Célébrons l'empire....
C'est donc pour vous dire......

Que je suis très amoureux
D'une jeune fille ;

J'aime à voir ses jolis yeux
   Où l'amour pétille.
De me chérir constamment,
Elle m'a fait le serment,
   Si son cœur changeait,
   Près d'un autre objet,
      Je saurais
      Sans regrets
   Calmer mon martyre,
   C'est donc pour vous dire......

Qu'on ne doit pas s'affliger
   De trop d'inconstance ;
Femme veut-elle changer ?
   Quittons-la d'avance.
Si toujours préoccupés,
Souvent vous êtes trompés,
   Messieurs les jaloux,
   Messieurs les époux,
      Je finis
      Et je dis
   Qu'il ne faut qu'en rire;
   C'est donc pour vous dire......

LA TERRE.

Air : Vaudeville de l'Humoriste.

Certain aimable chansonnier (1)
Avec esprit, avec finesse,
Chanta le ciel, mais sans nier
Les hauts décrets de sa sagesse.
Un autre aurait pu succomber;
Mais comme le danger m'éclaire,
Prudemment, de peur de tomber,
Je ne quitterai pas la terre.

A peine l'homme devient grand,
Que l'ambition l'importune :

(1) Ségur jeune, dîners du Vaudeville.

L'un voudrait être au premier rang,
Un autre rêve la fortune,
Un autre en ballon veut aller...
Imprudens, vous n'y songez guère!...
Il faut des ailes pour voler.....
Croyez-moi, marchez terre à terre.

Si nous devons aux orateurs
Ces beaux discours que l'on admire,
Si nous devons à nos auteurs
Le don de pleurer ou de rire,
Si nous devons à nos soldats
L'honneur de briller à la guerre....
Dites : que ne devons-nous pas
A ceux qui cultivent la terre?..

Combien de savans de nos jours
Prédisent au gré de leur tête :
L'un du soleil règle le cours,
L'autre fait craindre une comète.
Ah! combien de ces gens fameux
Devraient (je le dis sans mystère)

Avant de lire dans les cieux,
Apprendre à lire sur la terre.

Du plaisir, joyeux nourrisson,
Partout le plaisir m'accompagne,
Si je fais mal une chanson
Je sable fort bien le champagne,
Puissé-je ainsi jusqu'à la mort,
Soir et matin tenant mon verre,
Vivre sur terre sans remord,
Et sans remord quitter la terre.

LE VIEUX MENDIANT.

Air d'Aristippe.

Laurette, allons! ne soyez pas rebelle
   Pour un ancien solliciteur ;
N'êtes-vous pas jeune, sensible et belle ?...
   Prenez pitié d'un vieil auteur. (*bis.*)
Lorsque son œil, que le vôtre affriande,
   Se tourne de votre côté,
C'est un regard, Laure, qu'il vous demande :
   Ah ! faites-lui la charité ! (*bis.*)

Du fol amour, dans sa vive jeunesse,
   Il vous eût donné des leçons ;
Mais, à présent que pour lui le jour baisse,
   Il n'en parle plus qu'en chansons ;

En vous donnant les siennes pour offrande,
  Sur la gloire il n'a pas compté ;
C'est un sourire, hélas! qu'il vous demande!
  Ah! faites-lui la charité!

Puisqu'il n'a pas osé rêver la gloire,
  Votre pauvre serait jaloux
De conserver toujours dans sa mémoire
  Un don qu'il eût reçu de vous ;
N'oubliez pas que son âge commande
  Et l'indulgence et la bonté!...
C'est un baiser enfin qu'il vous demande!....
  Ah! faites-lui la charité!

Mais vous pouvez, vous montrant généreuse,
  Lui donner plus qu'il n'espéra ;
De son bonheur, si vous êtes heureuse,
  Croyez bien qu'il s'en souviendra ;
Et, quand le temps, que l'amour appréhende,
  Aura terni votre beauté,
Il prira Dieu qu'un autre vous le rende..
  Ah! faites-lui la charité!

TOUJOURS !

1855.

Air des Deux Edmond.

Pour tous nos repas d'étiquette,
Plus ne fais de grande toilette,
Plus n'endosse l'habit français,
    Jamais ! jamais ! (*bis.*)
Mais, s'il faut avec un bon drille
Courir de courtille en courtille,
Rouler de faubourgs en faubourgs,
    Toujours ! toujours ! toujours ! (*bis.*)

Répondez-moi, femmes aimantes !
Dites-moi, grisettes charmantes !

Ai-je négligé vos attraits ?
    Jamais! jamais!
Ah! que ne peut-on, dans la vie,
Fêter, au gré de son envie,
Un corsage et ses alentours,
    Toujours! toujours! toujours!

Perd-on un objet plein de charmes,
On s'écrie en versant des larmes :
« Ah! je n'aimerai désormais,
    « Jamais! Jamais! »
Mais qu'un joli minois arrive,
L'esprit est prompt, la chair est vive :
On ne peut vivre comme un ours!
    Toujours! toujours! toujours!

Voulez-vous que j'aille aux deux chambres
Écouter d'honorables membres,
Et des discours longs et mauvais?
    Jamais! jamais!
Mais dans le grenier du poëte,
Dans la mansarde de Manette,

Je trouve les discours trop courts,
    Toujours! toujours! toujours!

Palais, bronzes, marbres, colonnes,
Princes, rois, sceptres et couronnes,
Point ne tenterez mes souhaits,
    Jamais! jamais!
Car le Temps, vieillard implacable,
Ce Juif-Errant infatigable,
Marche en vous brisant dans son cours...
    Toujours! toujours! toujours!

Peuple, bercé par l'espérance,
Quand donc dois-tu manger en France
La poule au pot du Béarnais?
    Jamais! jamais!
Et pourtant, depuis Henri-Quatre,
C'est ce peuple qui va se battre,
Quand la France crie : Au secours!...
    Toujours! toujours! toujours!

S'il fallait que je concourusse
A chanter l'Anglais ou le Russe,

Comme Calot, je répondrais :
« Jamais! jamais! »
Aimons notre seule patrie,
Chantons cette mère chérie,
Dans les bons, dans les mauvais jours...
Toujours! toujours! toujours!

LE DESSERT.

Air du Verre.

Vous qui du plaisir de chanter
Faites le plaisir de la vie,
A table, venez m'écouter,
Mon amitié vous y convie.
Par de joyeux refrains on plaît,
Et quand le dessert nous engage,
On trouve toujours un couplet
Entre la poire et le fromage.

Pour moi la table a des appas ;
Le reste ne m'importe guère ;
A table, sans nul embarras,
On fait la paix, on fait la guerre :

Maint politique s'y débat,
Et j'aime à voir ce personnage
Décider du sort de l'état
Entre la poire et le fromage.

Caton, ce sage si vanté
Dans les annales de l'histoire,
Par son austère gravité
Parvint au temple de mémoire,
Toujours en public il criait
Contre les erreurs du jeune âge;
Mais on prétend qu'il s'égayait
Entre la poire et le fromage.

C'est au dessert que l'on nous sert
Fruits délicats, vin délectable ;
C'est au dessert que de concert
Amour, désir viennent à table.
Comme Eve, l'on y voit gaîment
(Fille, d'ailleurs modeste et sage),
Donner la pomme à son amant
Entre la poire et le fromage.

A M. QUILLET,

ANCIEN COMMISSAIRE DES GUERRES,

EN RECEVANT SES CHRONIQUES DE PASSY, DANS LESQUELLES MON NOM SE TROUVE CITÉ.

Air :

Merci, mon vieil ami, merci,
C'est trop d'honneur que vous me faites ;
Le bon chroniqueur de Passy
Inscrit mon nom sur ses tablettes :
J'y pouvais mourir oublié,
Mais chacun lisant votre ouvrage,
On saura, grâce à l'amitié,
Que j'étais de votre village.

EN ATTENDANT !

Air : Vaudeville de l'Anonyme.

Tout ici-bas semble né pour attendre.
La jeune fille attend un billet doux,
Le créancier l'argent qu'on doit lui rendre,
Le pauvre amant attend un rendez-vous.
Le fat attend l'esprit et la science,
Le peuple attend un sort indépendant ;
Et chacun dit en prenant patience :
« C'est toujours ça de pris en attendant. »

Dans son comptoir, ne faisant rien qui vaille,
Le grand Arthur, ce génie avorté....
La plume en main, rêve, sue et travaille,
Pour arriver à la célébrité....

Il espérait d'une chance opportune,
Profits, honneurs; mais, ô destin fatal!....
En attendant la gloire et la fortune,
Voilà dix ans qu'il est à l'hôpital.

Depuis long-temps, nous vivons d'espérance,
Nous attendons le retrait des abus;
Des Polonais, la prompte délivrance;
Des gens d'État, de leurs devoirs imbus,
Nous attendons des lois et des réformes,
Le droit de faire un couplet plus mordant;
Nous attendons des budgets moins énormes...
Mais nous payons toujours en attendant.

Quand Mathurin partit de son village,
On lui disait: « Sois brave et marche au feu...
« Tout bon soldat doit montrer du courage,
« Chacun arrive en attendant un peu. »
Il se battit à Vienne, en Prusse, en Suisse,
Et vous allez juger de son bonheur :
Il a perdu son œil, son bras, sa cuisse,
En attendant toujours la croix d'honneur.

C'est étonnant comme tout se déplace....
Au temps jadis on respectait les droits :
Corneille était au sommet du Parnasse,
Sully, Colbert, siégeaient près de nos Rois!.
Drôles de temps que les temps où nous sommes,
On voit partout les nains aux premiers rangs...
Mais il faut bien subir les petits hommes
En attendant qu'il en vienne des grands!

QUAND LE VIN EST VERSÉ,

IL FAUT LE BOIRE.

Air des Fleurettes.

Contre l'intempérance,
Qui nous poursuit toujours
Un peu de résistance
Devient d'un grand secours,
On doit, la chose est notoire,
Fuir avant d'être amorcé;
Mais quand le vin est versé } *bis.*
Il faut le boire.

Qu'une beauté sévère
Ait le cœur paresseux,
Remplissez lui son verre
D'un champagne mousseux;

Elle aura beau pour sa gloire
Prendre un petit air pincé,
Lorsque le vin est versé
　　Il faut le boire.

Pour venger une offense,
Va-t-on sur le terrain,
Un témoin court d'avance
Faire tirer du vin;
Renonçant à la victoire,
L'offenseur et l'offensé,
Disent.... « Le vin est versé;
　　« Il faut le boire. »

Pour épouser Estelle,
Ayant le diable au corps,
Pierre porte chez elle
Du vin pour les accords :
Il apprend certaine histoire,
Dont son honneur est blessé;
« Mais quand le vin est versé
　　« Il faut le boire. »

A Grégoire en goguette,
Lucas versait si bien,
Qu'un jour dans la burette
Il ne resta plus rien.
Le bon chanoine Grégoire
Se dit en homme sensé :
« Mon Dieu!... le vin est versé ;
 « Il faut le boire. »

Buveur d'eau toujours grave,
Ah! combien je te plains!....
Mais quoi... d'un vin de Grave,
Tous nos verres sont pleins!...
Pour perdre ici la mémoire,
Du présent et du passé;
« Amis, le vin est versé,
 « Il faut le boire. »

LE COIN DU FEU.

Air : Tout m'a quitté (de Piis).

Au coin du feu,
Quand on grisonne,
On tisonne ;
Au coin du feu,
On aime à rêver un peu.

Plus casanier,
Loin des plaisirs et des fêtes,
Vieux chansonnier
Rêve aux chansons qu'il a faites.

Au coin du feu,
Quand on grisonne,
On tisonne;
Au coin du feu,
On aime à rêver un peu.

J'ai vu voler
Les papillons infidèles,
Et s'exiler
Les dernières hirondelles.

Au coin du feu,
Quand on grisonne,
On tisonne;
Au coin du feu,
On aime à rêver un peu.

Rose ouvre encor
Sa fenêtre mal vitrée;
Il gèle fort,
Et la mienne est calfeutrée.

Au coin du feu,
Quand on grisonne,
On tisonne;
Au coin du feu,
On aime à rêver un peu.

France! ton nom
A perdu sa renommée;
De ton canon
Je ne vois plus la fumée.

Au coin du feu,
Quand on grisonne,
On tisonne;
Au coin du feu,
On aime à rêver un peu.

J'ai vu briser
Des sceptres et des couronnes,
J'ai vu passer
Bien des rois et bien des trônes...

Au coin du feu,
Quand on grisonne,
On tisonne;
Au coin du feu,
On aime à rêver un peu.

Dans mon taudis,
D'être plus vieux il me tarde;
Et je me dis :
« Qui sait ce que Dieu nous garde!...»

Au coin du feu,
Quand on grisonne,
On tisonne;
Au coin du feu,
On aime à rêver un peu.

C'est un bienfait
Que le foyer du ménage,
Quand on a fait
Plus des deux tiers du voyage.

Au coin du feu,
Quand on grisonne,
On tisonne;
Au coin du feu,
On aime à rêver un peu.

LE GARÇON A MARIER.

CHANSON TROUVÉE DANS LES PETITES-AFFICHES,
ET DÉDIÉE A M. WILLIAUME.

Air : Vaudeville de l'actrice.

Mes amis, j'ai du noir dans l'âme ;
L'amour m'a souvent tourmenté,
Je voudrais trouver une femme,
Qui fît renaître ma gaîté.
Je vous jure que blonde, ou brune,
Elle comblerait tous mes vœux;
Mais avant de m'en chercher une,
Écoutez comme je la veux.   (*bis.*)

Pourvu qu'elle me soit fidèle,
Je ne tiens pas à la beauté;
Je la trouverai toujours belle
Quand elle aura de la bonté.
Pour être heureux dans un ménage,
Un bon cœur est d'un grand secours;
Hélas! la beauté n'a qu'un âge
Mais la bonté dure toujours.

Je veux qu'elle ait de la conduite,
Avec un caractère égal,
Et que jamais elle ne quitte
Ses enfans pour aller au bal.
Dédaignant ces lieux d'étiquette,
Tous les jours on verrait chez nous
Les enfans danser sur l'herbette
Et leur maman sur mes genoux.

Quand un galant viendra lui dire
Quelques douceurs par ci par là,
Je veux qu'elle ait le mot pour rire,
Et j'ai mes raisons pour cela.
Sur un bon mot, sur une phrase,
Que la gaîté jette en avant,

Femme qui veut mettre une gaze,
Se découvre le plus souvent.

Jamais, dans le cours de ma vie,
Le clinquant ne me séduisit,
Sans qu'elle eût beaucoup de génie,
Je lui voudrais un peu d'esprit.
L'âge vient, le plaisir s'envole :
Il est doux pour se consoler,
Quand on n'a plus que la parole
De retrouver à qui parler.

ENVOI AU RÉDACTEUR.

Monsieur, vous voyez la peinture
De la femme que je voudrais ;
Dois-je redouter la censure
En vous envoyant mes couplets !...
Non, quiconque chez vous s'abonne,
Doit dire en suivant la leçon :
« Si cette chanson n'est pas bonne,
« Elle est du moins d'un bon garçon. »

LA MORTE VIVANTE (1).

ROMANCE LAMENTABLE, TIRÉE D'UNE VIEILLE CHRONIQUE.

Air : Ma mie, ô vous que j'adore !

Très honorable auditoire,
Écoutez une chanson,
Faite en manière d'histoire,
Sur Alix de Montluçon.

(1) On trouvera peut-être le style de cette romance un peu simple ; j'ai craint, en cherchant à le brillanter, de nuire à la naïveté du récit : j'ai voulu être vrai avant tout.

Cette gente bachelette
Brûlait de donner son cœur;
Et, faute d'amourette,
Se mourait de langueur.

Ses parens, versant des larmes,
Disaient : « Quel funeste sort!
« Faudra-t-il que tant de charmes
« Soient dévorés par la mort?
« Comme une rose nouvelle,
« Qui ne brille qu'un matin,
« Alix, sensible et belle,
« Va finir son destin. »

A chaque heure l'on frissonne;
Mais un soir, les yeux mourans,
Alix pâlit; minuit sonne :
Elle embrasse ses parens...
Sa paupière languissante
Appelle en vain au secours;
Et la pauvre innocente
La ferme pour toujours!

Dans un couvent on la porte ;
Des chrétiens c'est le devoir :
Alix est-elle bien morte?
C'est ce que nous allons voir.
Je vais conter sans mystère,
Ce qu'à la belle il advint,
Et de quelle manière
Notre morte en revint.

Dans ce vieux couvent de France,
Des novices demeuraient,
Et la nuit, par pénitence,
Auprès des morts ils priaient.
Ils priaient tous pour qu'aux femmes
Le paradis fût ouvert
Et les sauver des flammes,
Des flammes de l'enfer.

Un de ces jeunes novices,
Par le démon est surpris ;
Or, il use d'artifices
Pour éloigner ses amis.

« Sortez tous après la strophe,
« Seul ici, je prîrai bien.
« Oh! je suis philosophe....
« Moi, je n'ai peur de rien. »

Dès qu'il se voit solitaire,
Dans ses désirs indécis
Il s'approche avec mystère
Auprès de la jeune Alix....
Lors, d'une main il découvre
Le dessus de son cercueil;
Et de l'autre, il entr'ouvre
Un peu de son linceul.

Aux yeux du moine infidèle,
Alix parut un trésor,
Car cette pâleur mortelle
La rendait plus belle encor.
Et sans que l'on s'effarouche
Du trait qu'il me faut oser....
On eût dit que sa bouche
Appelait le baiser.

Il ose, le téméraire,
Dérober ce baiser là....
Puis recouvre le suaire...
Lorsque tout-à-coup voilà
Que par un soupir bien tendre,
Qui remonta vers les cieux,
La morte fit comprendre
Qu'elle allait un peu mieux.

Voyant que le jour approche,
Notre moine un peu remis,
Fait soudain tinter la cloche,
Et fendant l'air de ses cris :
« Çà, qu'on se mette en prières,
« J'en suis encor tout troublé ;
« Ah ! mes frères ! mes frères !....
« La morte m'a parlé. »

Après un conseil d'une heure,
On arrête sagement,
Que la fille en sa demeure
Soit reconduite à l'instant.

Aussitôt qu'ils la revirent,
Parens, amis et voisins,
D'un même vœu promirent
Un cierge à tous les saints.

De sa douce léthargie,
Par les soins les plus constans,
La jeune Alix fut guérie...
Mais au bout de quelque temps
Sa taille fraîche et gentille
S'arrondit.... Et de façon,
Que toute la famille
Désirait un garçon.

Tourmenté dans sa cellule,
Et d'ennuis et de remords,
L'amant d'Alix sans scrupule
Du couvent s'échappe.... alors,
Sur l'espoir dont il se fonde
Ne prenant aucun détour,
Il conte à tout le monde
Sa faute et son amour.

La famille rassemblée
Entendit très bien raison,
On fit la noce d'emblée
Pour l'honneur de la maison :
Sur cet hymen on rapporte,
Qu'au sein des plaisirs constans,
Après sa mort, la morte
Vécut encor long-temps.

LES ÉPREUVES.

COUPLETS CHANTÉS EN LOGE LE JOUR DE MA RÉCEPTION.

Air : Vaudeville de l'Opéra Comique.

Frères, pour suivre les leçons
En vogue dans vos sanctuaires,
On me dit que les francs-maçons
Doivent tout souffrir pour leurs frères.
Si vous m'écoutez sans dormir,
D'un grand succès j'aurai la preuve.

Car je vais vous faire subir
Une bien rude épreuve. } *bis.*

A son libraire, un écrivain
Dit en apportant un poëme :
« Remettez-moi l'épreuve en main,
« Je veux la corriger moi-même. »
Ah! de nos jours pour alléger
Les ennuis dont on les abreuve,
Que d'auteurs devraient corriger
L'ouvrage avant l'épreuve.

Le vieux Dumont voulut un soir
Tâter de la maçonnerie,
Mais l'amour trompa son espoir
Et lui fit une espiéglerie.
Pour l'éprouver, il lui donna
Une fillette fraîche et neuve,
Et le bonhomme succomba...
A la première épreuve.

Dans nos temples, quand nous buvons
Moi, je voudrais pour notre gloire :

Que l'on ne reçût francs-maçons
Que les gens qui savent bien boire :
Alors d'un vin frais et divin,
S'il fallait avaler un fleuve ;
Dussé-je rester en chemin
Je tenterais l'épreuve !...

Aux épreuves, sans contredit,
Moi d'avance je me résigne.
Si vous m'éprouvez par l'esprit,
D'être avec vous je suis indigne :
Mais s'il faut porter vos bienfaits,
Chez l'orphelin et chez la veuve,
Soir et matin, je vous permets
De me mettre à l'épreuve.

L'INCRÉDULE.

Air : C'est un journal de fleurette.

Par une douce promesse,
Quand on flattait mon espoir
Aux beaux jours de ma jeunesse,
Je croyais tout sans rien voir.
Mais dupe de ma franchise,
Messieurs, je vous avoûrai,
Qu'aujourd'hui j'ai pour devise :
　« Je croirai
　« Quand je verrai. »

Sur plus d'un point je me fonde,
Pour prouver que j'ai raison,
Dans les premiers temps du monde
Douter était de saison,

Et sans craindre le blasphème,
Malgré le fait avéré,
Saint Thomas disait lui-même :
    « Je croirai,
    « Quand je verrai. »

Voulez-vous une autre preuve ?
Dites à l'aveugle-né
Qu'une femme jeune et veuve
A toujours l'air consterné ;
Qu'un goujat en équipage
Ressemble à l'homme titré :
L'aveugle dira, je gage :
    « Je croirai,
    « Quand je verrai. »

Je crois, sans être habile homme,
Que la terre contient tout ;
Mais je sais qu'un astronome
Compte des mondes partout,
Et lorsqu'arrive la brune
Il dit qu'il voit, à son gré,

Des habitans dans la lune.
 « Je croirai,
  « Quand je verrai. »

Si le ciel nous prête vie,
On pourra voir de nos jours
Les auteurs exempts d'envie,
La pudeur dans les discours,
Le silence chez les femmes,
Le courage décoré...
Et le bon sens dans les drames.
 « Je croirai,
  « Quand je verrai. »

COUPLETS

SUR LA MORT DE GRÉTRY (1).

1812.

Air des Dettes.

Notre amphion nous est ravi,
Nous venons de perdre Grétry,

(1) Le jour du convoi de Grétry, les sociétaires de l'Opéra-Comique s'habillèrent tous en noir, et vinrent, à la représentation du soir, couronner le buste du musicien célèbre. Cette cérémonie avait attiré beaucoup de monde; alors MM. les comédiens ordinaires de l'empereur imaginèrent de recommencer plusieurs fois le même spectacle, et pendant

C'est ce qui nous désole. (*bis.*)
Mais tous les soirs, depuis ce temps,
Nous pleurons pour cinq mille francs;
C'est ce qui nous console. (*bis.*)

De Grétry, tant que l'on paîra,
Nous joûrons peu chaque opéra;
C'est ce qui nous désole.
Quand nous ne paîrons plus de droits,
Nous le joûrons vingt fois par mois;
C'est ce qui nous console.

Quelques musiciens fameux
Bientôt nous feront leurs adieux;
C'est ce qui nous désole.
Tous ces compositeurs chéris
Seront pleurés au même prix;
C'est ce qui nous console.

cinq jours ils pleurèrent devant un auditoire nombreux; mais quand les recettes faiblirent, les larmes cessèrent. C'est ce qui donna l'idée de ces couplets, que j'improvisai avec Merle et Ourry.

Peu faits à ces coups de jarnac,
Nous avons manqué Dalayrac;
   C'est ce qui nous désole.
Mais nous jurons tous par Grétry
De ne pas manquer Monsigny;
   C'est ce qui nous console.

LA FEMME DU BOCAGE.

ROMANCE BRETONNE (1).

Air nouveau.

Je m'en souviens, toute petite,
J'entendais dire à mes parens :
« Hélas ! notre terre est maudite,
« Nous vivons sous d'affreux tyrans ! »
Et moi, je disais, attendrie,
En mêlant mes larmes aux leurs :
« Priez pour moi, Vierge-Marie,
« Notre-Dame-des-Sept-Douleurs ! »

(1) Dans plusieurs endroits du Bocage on rencontre des petites chapelles consacrées à la Vierge, sous le nom de *Notre-Dame-des-Sept-Douleurs.*

Nous sommes dévots à la Vierge,
Marie a toutes nos amours :
Tous les mois je lui brûle un cierge,
Car je ne peux pas tous les jours.
Devant son image chérie
Que de fois j'ai porté des fleurs :
Priez pour moi, Vierge-Marie,
Notre-Dame-des-Sept-Douleurs !

J'avais seize ans, lorsque ma mère
Me dit un soir avec effroi :
« Ma fille, ils ont tué ton père,
« Comme ils avaient tué son roi...
« Il faut quitter la métairie,
« En attendant des jours meilleurs.
« Priez pour moi, Vierge-Marie,
« Notre-Dame-des-Sept-Douleurs ! »

Julien, notre garçon de ferme,
Me regardait en soupirant ;
De sa fin prévoyant le terme,
Ma mère nous dit en pleurant :

« Enfans, demain je vous marie,
« Demain finiront nos malheurs.
« Priez pour moi, Vierge-Marie,
« Notre-Dame-des-Sept-Douleurs ! »

Deux fois Julien me rendit mère ;
Deux fils sont nés de nos amours.
Hélas ! que ma vie est amère !...
Julien m'est ravi pour toujours !...
Quoi ! pour une veuve qui prie,
Toujours des regrets et des pleurs !
Priez pour moi, Vierge-Marie,
Notre-Dame-des-Sept-Douleurs !

Mes fils faisaient mon espérance ;
Eux seuls devaient me secourir :
L'un pour le vieux drapeau de France
Tout à l'heure vient de mourir...
En me quittant, l'autre s'écrie :
« Je mourrai pour d'autres couleurs !... »
Priez pour moi, Vierge-Marie,
Notre-Dame-des-Sept-Douleurs!

Maintenant, seule et désolée,
Mes regrets étant superflus,
Je rêve, au pied d'un mausolée,
Aux doux objets qui ne sont plus...
L'espoir de mon âme flétrie
Est de les retrouver ailleurs.
Priez pour moi, Vierge-Marie,
Notre-Dame-des-Sept-Douleurs !

A UN JEUNE HOMME

QUI VEUT FAIRE DES CHANSONS.

Air : Vaudeville de la cheminée de 1748.

Tu vas donc rimer des chansons,
Et leur faire courir la ville ?...
Mon ami, retiens mes leçons :
Bien chanter est très difficile.
Je sais qu'elles font de l'effet,
Et qu'en chansons l'époque abonde ;
Mais, comme tout le monde en fait,
N'en fais pas comme tout le monde.

LE COTILLON.

Air de la Galoppe.

Ah! cotillon, cotillon, cotillon,
　　Tu règneras sans cesse,
Oui, devant toi, cotillon, cotillon,
　　　Tout baisse
　　　Pavillon!

　　Nul ne peut savoir
　　　Si son pouvoir
　　　Est un mystère,
　　Mais on obéit
Au cotillon qui vous séduit :

Le cotillon peut
Tout ce qu'il veut,
Et sur la terre,
Il commande en roi,
Et fit souvent broncher la loi.

Ah ! cotillon, cotillon, cotillon,
Tu règneras sans cesse,
Oui, devant toi, cotillon, cotillon,
Tout baisse
Pavillon !

Voyez Soliman,
Ce fier sultan,
Il a cent femmes
Que dans son sérail
Il traite comme un vil bétail :
Un soir, dans un coin,
Il voit de loin,
Parmi ces dames,
Un nez retroussé,
Soudain l'empire est renversé !

Ah! cotillon, cotillon, cotillon,
  Tu règneras sans cesse,
Oui, devant toi, cotillon, cotillon,
   Tout baisse
   Pavillon!

   Voyez Charles-Sept,
    Qui nous laissait
    Dans la souffrance;
   Comme il s'endormait
  Près de la beauté qu'il aimait!...
    Un cotillon vient,
    Qui se souvient
    Du roi de France,
    Et de tout côté
  L'Anglais s'enfuit épouvanté!

Ah! cotillon, cotillon, cotillon,
  Tu règneras sans cesse,
Oui, devant toi, cotillon, cotillon,
   Tout baisse
   Pavillon!

Ce Henri-le-Grand,
Conquérant
Un peuple rebelle,
A su des ligueurs
Braver le fer et les rigueurs;
Mais du bon Sully
Souvent l'ami
Le plus fidèle
Allait chez *Michau*
Prendre les ordres de *Cateau* (1).

Ah! cotillon, cotillon, cotillon,
Tu régneras sans cesse,
Oui, devant toi, cotillon, cotillon,
Tout baisse
Pavillon!

Voyez le grand roi
Saisi d'effroi

---

(1) Personnage de la *Partie de chasse d'Henri IV*, comédie de Collé.

Quand Lavallière,
De lui se sauvant,
Va se renfermer au couvent :
Tout est employé :
Douce pitié,
Larmes, prière...
Et le tendre objet
Fait d'un roi son premier sujet.

Ah ! cotillon, cotillon, cotillon,
Tu régneras sans cesse,
Oui, devant toi, cotillon, cotillon,
Tout baisse
Pavillon !

En vain nous rions
Des cotillons,
Ils font merveille !
Chez Ninon l'Enclos
Que de chefs-d'œuvre sont éclos !
C'est là qu'on fêtait,
Qu'on écoutait
Le vieux Corneille...

Molière y lisait,
Et Voltaire, enfant, s'y glissait.

Ah! cotillon, cotillon, cotillon,
Tu règneras sans cesse,
Oui, devant toi, cotillon, cotillon,
Tout baisse
Pavillon!

Les cotillons ont,
Au double mont
Leur grande armée...
Corine et Sapho
Règnent encor chez Erato :
Desbordes et Gay
Ont fatigué
La renommée,
Et de Dufresnoy
Béranger disait avant moi :

« Ah! cotillon, cotillon, cotillon,
« Tu règneras sans cesse,
« Oui, devant toi, cotillon, cotillon,

« Tout baisse
« Pavillon ! »

Que d'échantillons
De cotillons
L'amour me livre :
Cotillon de cour,
Cotillon long, cotillon court,
En bure, en velours,
Il faut toujours, toujours
Les suivre;
Et même en haillons,
Respect encore aux cotillons!...

Ah! cotillon, cotillon, cotillon,
Tu règneras sans cesse,
Oui, devant toi, cotillon, cotillon,
Tout baisse
Pavillon!

AUTANT EN EMPORTE LE VENT.

Air : Vaudeville de l'actrice.

A servir le Dieu de la table,
Dans tous les temps je me prêtai,
Et par un but très respectable,
J'aime un repas bien apprêté,
J'en aime jusqu'à la fumée,
Et dis qu'en soufflant trop souvent
Une soupe bien parfumée,
Autant en emporte le vent. (*bis.*)

Pour un drame écrit terre à terre,
Aujourd'hui maint olibrius
Se croit au niveau de Voltaire
Et riche au moins comme Crésus.

Mais près du temple de mémoire,
Un sifflet s'en va le bravant :
Hélas! adieu fortune et gloire...
Autant en emporte le vent.

Au bois, Lucas en sentinelle,
Embrasse Rose qui passait,
Et lorsqu'il agaçait la belle
Zéphir aussi la caressait.
En vain Rose soupire et jure
De fuir les bois dorénavant,
On sait qu'en pareille aventure,
Autant en emporte le vent.

L'éventail à la main, Lucrèce,
Dans tous nos salons se vantant,
Parle toujours de sa sagesse,
Mais nous en parle en s'éventant.
Lucrèce a beau faire et beau dire
Qu'elle est sage comme au couvent;
De sa vertu, sans trop médire,
Autant en emporte le vent.

Aujourd'hui qu'un vaudevilliste
Au siècle donne le frisson,
Il se peut que maint journaliste
Crie à la hart sur ma chanson ;
Mais que bien ou mal il l'accueille,
Moi, j'en veux rire en bon vivant.
Puisqu'un journal n'est qu'une feuille,
Autant en emporte le vent.

J'IRAI LE DIRE A ROME.

Air de la Colonne.

Quand plus d'un mécréant l'assiège,
N'allez pas croire que je sois
Ennemi juré du saint siège,
Non, non; je respecte ses droits
Et je me soumets à ses lois :
Mais chansonnier, buveur et gastronome,
S'il faut pour maint petit couplet,
Un jour, dire mon chapelet;
Messieurs, j'irai le dire à Rome.

Malgré toutes ses exigences
Régnant sur de faibles esprits,
Rome répand les indulgences
Chez elle, à toute heure, à tout prix,

Et c'est toujours autant de pris.
Paris encore en est plus économe,
Mais pourtant il les vend très bien :
Dès qu'il les donnera pour rien,
Messieurs, j'irai le dire à Rome.

A genoux lorsqu'un jeune prêtre,
Est seul à prier dans le chœur,
Bien que l'Éternel soit son maître,
Il se livre au fond de son cœur
Maint combat pour être vainqueur...
Mais Dieu le sait, un prêtre n'est qu'un homme,
S'il faut qu'il aime.... il aimera ;
Quand jamais son cœur ne battra
Messieurs, j'irai le dire à Rome.

A Rome, on sait que sans dispense,
Un comédien meurt à son gré.
Arlequin est certain d'avance
D'obtenir un *Dies iræ*,
Cassandre est sûr d'être enterré.

Quand les talens que la France renomme,
  Quand nos Talma, quand nos Lequin,
  Seront traités comme Arlequin ;
  Messieurs, j'irai le dire à Rome.

LE CANCANIER.

Air de la Légère. (Contredanse.)

J'aime à rire,
A médire,
Les cancans seuls me font rire ;
J'aime à rire,
J'aime à dire
Des noirceurs
Et des horreurs.

Bien connu dans mon quartier
Comme porteur de nouvelles,
J'en ai souvent dit de belles
Sur le voisinage entier :

Les femmes font volte-face,
Les filles sont en émoi,
Les maris font la grimace,
Les enfans ont peur de moi.

J'aime à rire,
A médire,
Les cancans seuls me font rire;
J'aime à rire,
J'aime à dire
Des noirceurs
Et des horreurs.

Voyez-vous cet amateur,
A table quand il entonne
Un couplet qui vous étonne,
Il s'en déclare l'auteur :
Oui, sa chanson est parfaite,
Lui-même le dit souvent;
Mais Béranger l'avait faite
Quatorze ans auparavant.

J'aime à rire,
A médire,

Les cancans seuls me font rire ;
J'aime à rire,
J'aime à dire
Des noirceurs
Et des horreurs.

La fille de mon voisin
De ses propres mains arrange
Son bouquet de fleurs d'orange,
Pour se marier demain ;
Mais je sais, sans épigramme,
Qu'elle allait à l'Hôtel-Dieu
Suivre un cours de sage-femme...
Quelle innocente, tudieu !...

J'aime à rire,
A médire,
Les cancans seuls me font rire ;
J'aime à rire,
J'aime à dire
Des noirceurs
Et des horreurs.

Ayant cru trouver le joint,
L'épicier de ma commune
Voulut (c'est la loi commune)
Se faire nommer adjoint;
Mais il n'obtint qu'avec peine
Une voix, tout bien compté,
Encore était-ce la sienne....
C'est de l'unanimité.

J'aime à rire,
A médire,
Les cancans seuls me font rire;
J'aime à rire,
J'aime à dire
Des noirceurs
Et des horreurs !

Mon sergent, le taillandier
Laisse, en partant pour sa garde,
Sur son chevet, par mégarde,
Son bonnet de grenadier :
Il revient à la nuit close
Se coucher, comme un benêt,

Et trouve, plaisante chose !
Deux têtes dans un bonnet.

J'aime à rire,
A médire,
Les cancans seuls me font rire ;
J'aime à rire,
J'aime à dire
Des noirceurs
Et des horreurs !

EN ROUTE.

1854.

Air des fraises.

En voyant le temps au beau,
    Je me suis dit : « Écoute,
« C'est le dîner du Caveau (1),
« On chantera du nouveau :
    « En route! » (*ter.*)

La vie est, j'en fais l'aveu,
    Un voyage de doute ;

---

(1) J'avais été invité à dîner à la société des *En-fans du Caveau.*

Rions et chantons, morbleu!
Pour nous égayer un peu :
  En route!

Lorsqu'un intrigant voudra,
  Eût-il même la goutte,
Aux honneurs il parviendra,
Et le talent restera
  En route.

Aujourd'hui, d'un million
  Quand on fait banqueroute,
On ne rougit plus, dit-on,
Mais on crie au postillon :
  « En route! »

Lise, voulez-vous danser
  Dimanche à la redoute?
« Non, je pourrais vous lasser
« Et vous pourriez me laisser
  « En route. »

Si le Français remportait
  Gaîment une redoute,

C'est que, lorsqu'il combattait,
Jamais rien ne l'arrêtait
     En route.

Quand le prêtre, *in extremis*,
   Nous a donné l'absoute,
Il nous dit : « Mes bons amis,
« Vos péchés vous sont remis :
     « En route! »

Je rirais bien si ce soir,
   Ayant trop bu la goutte,
Le pied me glissant, bon soir !
Malgré moi j'allais m'asseoir
     En route.

RÉSIGNATION.

1855.

Air de Céline.

Elle a sonné, la cinquantaine !
Et je vois fuir les passions.
Je ne m'éloigne qu'avec peine
Du pays des Illusions...
Incertain du jour qui va suivre,
Point ne cherche à le découvrir.
Je ne suis pas fâché de vivre...
Mais je n'ai pas peur de mourir.

Chaque printemps, quand la nature
Reprend sa vie et ses couleurs,

Auprès du ruisseau qui murmure,
J'aime à jouer avec les fleurs;
L'aspect d'une rose m'enivre :
Hélas! j'en ai tant vu fleurir!...
Je ne suis pas fâché de vivre,
Mais je n'ai pas peur de mourir.

Un moment j'ai rêvé la gloire :
Mon rêve s'est évanoui.
A l'amitié j'aimais à croire :
J'y crois un peu moins aujourd'hui.
Jusqu'à la fin sachons poursuivre
La route où l'homme doit souffrir...
Je ne suis pas fâché de vivre,
Mais je n'ai pas peur de mourir.

Tout doucement j'arrive à l'âge
Où la raison me suffira;
Un peu fatigué du voyage,
Je me dis : « Le repos viendra. »
L'âme doit-elle nous survivre?
Avec nous tout doit-il périr?
Je ne suis pas fâché de vivre,
Mais je n'ai pas peur de mourir.

JEAN,

OU LE REFRAIN QUI NE RIME PAS.

1833.

Air connu.

Jean, retire tes sabots,
    Et cours à ton poste;
J'attends des hommes nouveaux,
    Qui viennent en poste :
Va-t'en voir s'ils viennent, Jean,
    Va-t'en voir s'ils viennent!   (*bis.*)

On m'annonce des amis
    Remplis de tendresse;

Des marchands et des commis
 Pleins de politesse :
Va-t'en voir s'ils viennent, Jean,
 Va-t'en voir s'ils viennent!

On m'envoie en même temps
 Des amans fidèles,
Et des tendrons de quinze ans
 Encor demoiselles :
Va-t'en voir s'ils viennent, Jean,
 Va-t'en voir s'ils viennent!

Pour Pâques prochain l'on m'a
 Promis dans la ville
Un acteur comme Talma,
 Deux comme Préville :
Va-t'en voir s'ils viennent, Jean,
 Va-t'en voir s'ils viennent!

Au lieu des pédans titrés,
 Dont elle est l'amie,
Nous verrons des gens lettrés
 A l'Académie :

Va-t'en voir s'ils viennent, Jean,
    Va-t'en voir s'ils viennent !

On nous enverra, je croi,
    Des juges sensibles,
Et des procureurs du roi
    Toujours impassibles :
Va-t'en voir s'ils viennent, Jean,
    Va-t'en voir s'ils viennent !

On attend de tous côtés
    Des hommes en France
Qui ne soient plus achetés
    Ni vendus d'avance :
Va-t'en voir s'ils viennent, Jean,
    Va-t'en voir s'ils viennent !

Et des ministres aussi
    Qui, pour la patrie,
Vendraient, comme a fait Sully,
    Leur argenterie :
Va-t'en voir s'ils viennent, Jean,
    Va-t'en voir s'ils viennent !

De nous rendre l'âge-d'or
    Parole est donnée;
Mais on ne sait pas encor
    Le jour ni l'année :
Va-t'en voir s'ils viennent, Jean,
    Va-t'en voir s'ils viennent !

COUPLETS

IMPROVISÉS A TABLE, LE JOUR DE L'INSTALLATION DES SOUPERS DE MOMUS, CHEZ FÈVRE, RESTAURATEUR, AU VEAU QUI TÈTE, PLACE DU CHATELET.

Air du Fleuve de la vie.

L'esprit content, la panse pleine,
Pompant comme des Templiers,
Nous avons tous bu chez Baleine,
Chez Grignon et chez Beauvilliers :
Espérons, quand Fèvre (1) nous traite,
Que nous nous loûrons de ses soins,

(1) C'était le nom du Restaurateur.

Et que nous ne boirons pas moins
Au petit Veau qui Tête.

Buvez, vivez sans soins ni cure,
Jamais d'eau, je vous le défends :
C'est le précepte qu'Épicure
Enseigne à ses joyeux enfans.
Au risque de perdre la tête,
Amis, si la cave nous plaît,
Morbleu! mettons-nous tous au lait
Du petit Veau qui Tête.

Mais songeons que la bonne chère
Est le soutien des bons repas;
Mangeons la viande la plus chère;
Que les rôtis ne manquent pas :
Après perdreau, pigeon, mauviette,
Lapreau, bécasse, et cætera,
Pour nous à la broche on mettra
Le petit veau qui tête.

LE RIEUR.

Air du ballet des Pierrots.

Amis, le monde se détraque,
Et de jour en jour sous mes pas,
Je crois sentir le sol qui craque
Le monde n'en reviendra pas.
Lorsque tout va de mal en pire,
Point ne veux me désespérer.
Laissez-moi rire, rire, rire,
Ou je finirais par pleurer.

Que de budgets, que de promesses,
Que de drames, que de pamphlets,
Que de vertus, que de bassesses,
Que de duels, que de soufflets.

Que de sots qui veulent écrire,
Que de poltrons à décorer :
Laissez-moi rire, rire, rire,
Ou je finirais par pleurer.

Nous vivons dans une tempête,
On ne rougit d'aucun affront,
Tous les voleurs lèvent la tête,
L'honnête homme baisse le front.
L'assassin qui tient une lyre,
Trouve des gens pour l'admirer.
Laissez-moi rire, rire, rire,
Ou je finirais par pleurer.

Grâce à la charte rétablie,
On nous avait dit : désormais
Toute censure est abolie,
Et ne peut revenir jamais.
Mieux que sous Charle et sous l'empire,
Nous nous laissons recensurer,
Laissez-moi rire, rire, rire,
Ou je finirais par pleurer.

Naguère, après trois jours sinistres,
Où le peuple s'est révolté....
On incarcéra des ministres
Pour lui rendre la liberté...
Mais voilà qu'on la lui retire,
Et sans les désincarcérer ;
Laissez-moi rire, rire, rire,
Ou je finirais par pleurer.

Témoin de plus d'une souffrance,
Que le peuple endura gaîment ;
Depuis plus de trente ans en France
Je chante à tout gouvernement :
« Le peuple a besoin de médire,
« Si vous voulez le pressurer,
« Laissez-le rire, rire, rire,
« Ou vous finirez par pleurer. »

A MADAME BLANCHE,

ÉPOUSE DU DOCTEUR QUI DIRIGE LA MAISON DE SANTÉ,

EN LUI OFFRANT LE PREMIER VOLUME DE MES CHANSONS.

Air : Des frelons bravant la piqûre.

Pleine de grâce et d'obligeance,
Partout on cite vos bontés,
Votre douceur, votre indulgence,
Pour les fous que vous écoutez :
Mettant l'auteur au rang des vôtres,
Dites après l'avoir inscrit :
C'est un de plus avec les autres,
Plus on est de fous plus on rit.

L'ENLÈVEMENT DE PROSERPINE.

POT-POURRI.

Air : Dès l'instant qu'on nous mit en ménage.

Pour entreprendre un long voyage,
Cérès partit un beau matin,
A sa fille prudente et sage
Elle va conter son chagrin :
« Mon enfant (*bis*), fais comme ta mère,
« Évite le moindre détour,
« Et, quand je reviendrai, ma chère,
« Un mari te donn'ra l' bon jour. »

Air : Vaudeville de l'avare et son ami.

Las de vivre célibataire,
Pluton s'ennuyait aux enfers,

« De quelque gentille bergère
« Je veux, dit-il, porter les fers.
« Pour mettre un terme à ma souffrance,
« Et trouver femme promptement,
« Dans toute la Grèce gaîment,
« Allons faire mon tour de France. »

Air : Vaudeville de l'écu de six francs.

Dès qu'il se trouve dans la plaine,
Le dieu jette la plume au vent,
Puis il se rend à la fontaine,
Où Proserpine allait souvent
Puiser de l'eau tout en rêvant.
Pluton la suit et la pourchasse,
Mais la belle, lui dit : Tout beau !...
Seigneur, tant va la cruche à l'eau,
Qu'enfin un jour elle se casse.

Air : Jeune fille, jeune garçon.

« Pourquoi me fuir si lestement ? »
Lui dit le dieu du sombre empire :

« La laideur contre moi conspire,
« Mais mon cœur chérit tendrement ;
   « Recevez-en l'augure,
   « Mon amour est bien pur,
   « Votre bonheur est sûr,
« Ne me jugez pas sur
      « Ma figure. »

Air : Guillot auprès de Guillemette.

« Si les charmes d'une couronne
« Peuvent contenter vos désirs ;
« Partout la gloire m'environne,
« Venez partager mes plaisirs.
« Vos beaux yeux captivent mon âme,
« Du tendre amour je sens la flamme,
« Cédez, cédez à mes transports !...
« Vous régnerez, étant ma femme,
« Sur les vivans et sur les morts. »

Air : Aussitôt que la lumière.

Sans répondre, Proserpine,
Voulut fuir adroitement.

Mais Pluton, qui la devine,
S'en saisit... et dans l'instant,
Dans les antres de la terre,
Où son palais est placé,
Toute vivante il l'enterre....
Requiescat in pace.

Air : Il était un roi d'Yvetot.

Cérès en apprenant cela,
  Revient en diligence;
Quoi! dit-elle, cet affront-là
N'obtiendrait pas vengeance!...
Ma fille en vain se cachera;
Mais ma colère l'atteindra
  Là, là,
Oh! oh! oh! oh!... ah! ah! ah! ah!
Monsieur Pluton me la rendra
  Là! là!

Air : Malgré moi le sentiment.

Chez Proserpine à l'instant
Elle descend sans chandelle,

Aux enfers en arrivant
Elle frappe rudement.
Pan, pan, pan, pan, pan, pan, pan,
Ouvriras-tu, péronnelle?...
Pan, pan, pan, pan, pan, pan, pan,
C'est ta mère qui t'attend.

Air : Ciel! l'univers va-t-il donc se dissoudre ?

Mais tout-à-coup devenant intraitable,
Cérès remplit l'enfer de sa douleur;
Ah! quel crime épouvantable!...
Ma fille est avec le diable.
Un tel malheur,
Me déchire le cœur.
Que dira ma famille ?
Ah! vilain drille,
Rends-moi ma fille,
Ou dans ces lieux
Je l'étrangle à tes yeux.

Air : Vaudeville de Voltaire chez Ninon.

« Madame, terminons ceci, »
Lui dit Pluton avec adresse:

« Je consens à vous rendre ici
« La beauté qui vous intéresse.
« Si vous le voulez, tour-à-tour,
« Celle que votre cœur réclame,
« Sera votre fille le jour,
« Mais la nuit j'en ferai ma femme. »

CONCLUSION.

Air : Pégase est un cheval qui porte.

A ce discours, peu confiante,
La mère s'emporte aussitôt.
Mais la fille un peu plus prudente,
Baisse les yeux et ne dit mot.
Ce fait prouve que d'une belle
Le courroux n'est que passager,
Et qu'en amour, la plus cruelle
Finit toujours par s'arranger.

LE MARIAGE.

RONDE GRIVOISE A L'USAGE DE TOUTES LES NOCES.

AIR : Gai, gai, gai, marions-nous !

Gai, gai, mariez-vous,
   L' mariage
  Est chose sage ;
Gai, gai, mariez-vous,
  Il est si doux
   D'être époux !

A nos pères il plaisait :
Lorsqu'Adam fit ce beau rêve
Et qu'il se rapprocha d'Ève,
C'est qu' le serpent lui disait :

« Gai, gai, mariez-vous,
  « L' mariage
« Est chose sage;
« Gai, gai, mariez-vous,
  « Il est si doux
    « D'être époux! »

Le contrat n' fut pas dressé,
Ainsi que la loi le somme,
Mais pourtant tout s' passa comme
Si l' notaire y avait passé.

Gai, gai, mariez-vous,
  L' mariage
Est chose sage ;
Gai, gai, mariez-vous,
  Il est si doux
    D'être époux!

Seuls, d'ennui nous péririons :
On aime quelqu'un qui puisse
Nous dire : « Dieu vous bénisse ! »
Lorsque nous éternuons.

Gai, gai, mariez-vous,
L' mariage
Est chose sage ;
Gai, gai, mariez-vous,
Il est si doux
D'être époux !

L'amour, dès qu'on est lié,
N'a qu'un' saison dans la vie :
Heureux quand l'hymen s'appuie
Sur le bras de l'amitié.

Gai, gai, mariez-vous,
L' mariage
Est chose sage ;
Gai, gai, mariez-vous,
Il est si doux
D'être époux !

Nous avons marié l' chablis
Avec le vin de Madère ;
Et nous marîrons, j'espère,
Le champagne avec le nuits.

Gai, gai, mariez-vous,
L' mariage
Est chose sage ;
Gai, gai, mariez-vous,
Il est si doux
D'être époux !

Chaqu' mariag' me semble beau :
Mais s'il faut que je l'atteste,
Il en est un que j' déteste,
C'est celui du vin et d' l'eau.

Gai, gai, mariez-vous,
L' mariage
Est chose sage ;
Gai, gai, mariez-vous,
Il est si doux
D'être époux !

Puissent, dans quinze ou vingt ans,
Tous ceux qui sont à c'te table,
Dans une fête semblable,
Répéter à leurs enfans :

Gai, gai, mariez-vous,
    L' mariage
  Est chose sage;
Gai, gai, mariez-vous,
    Il est si doux
      D'être époux !

LES DÉCOUVERTES D'HERSCHELL.

Air de la cheminée de 1748.

La lune a donc des habitans ?...
Ma foi, messieurs, j'en suis bien aise.
On dit qu'ils sont heureux, contens,
Et qu'ils vivent à la française.
Dans ce pays d'hommes de bien,
Toutes les classes n'en font qu'une.
Regardez bien ! observez bien !
On voit tout cela dans... la lune. } *(bis.)*

L'amour s'épure tous les jours,
Aussi, des amans, des maîtresses,
Les sermens, les tendres discours
Ne sont point de vaines promesses.

On n'est plus dans un doux lien
Trompé par la blonde et la brune.
Regardez bien ! observez bien !...
On voit tout cela dans... la lune.

Nous avons tous beaucoup d'esprit,
Nous nous aimons comme des frères,
A la bourse on voit le crédit;
L'honneur brille dans nos affaires;
Le riche donne à qui n'a rien,
Jamais le pauvre n'importune.
Regardez bien ! observez bien !...
On voit tout cela dans... la lune.

A chaque nouveau pas qu'il fait,
On encourage le génie;
On bat des mains pour un bienfait,
On repousse une calomnie :
C'est pour ne faire que le bien,
Que l'on s'élance à la tribune...
Regardez bien! observez bien !...
On voit tout cela dans... la lune.

De nos hommes d'État, surtout,
La conduite n'est pas oblique,
Car, ils ne rêvent avant tout
Qu'à la prospérité publique.
Chaque ministre est citoyen,
Pas un ne veut faire fortune,
Regardez bien !... observez bien !...
On voit tout cela dans... la lune.

Jadis les places qu'on payait
Au mérite seul sont données,
Et les monumens de Juillet
Sont finis depuis quatre années.
L'amnistie atteste combien
On prend pitié de l'infortune,
Regardez-bien ! observez bien !...
On voit tout cela dans... la lune.

A LOUISE CONTAT,

LE JOUR DE SA FÊTE.

25 Août 1813.

Air : Que ne suis-je la fougère !

Parmi les saints que l'Église
Place dans ses almanachs,
Je cherchais sainte Louise,
Et je ne la trouvais pas.
Mais riant de ma folie,
Et songeant à ton état,
J'ai cherché sainte Thalie,
Soudain, j'ai trouvé Contat.

A ma sainte un peu surprise,
Je demande au même instant,
Viendras-tu fêter Louise,
Elle qui te fêtait tant ?
Thalie, en baissant la tête,
Me répond la larme à l'œil :
« On ne va jamais en fête
« Avec des habits de deuil... (1).

Ah ! Contat, puisque Thalie
Montre le chagrin qu'elle a....
De ton absence ennemie,
Qui donc nous consolera ?
Tes talens, chers à la France,
Ne reparaîtront jamais,
Tu nous ôtes l'espérance,
Et nous laisses les regrets.

(1) Cette célèbre actrice venait de se retirer du théâtre.

BIOGRAPHIE DES ABBÉS.

Air : Vivent les fillettes !

Ma muse falotte,
Jamais n'en rabat,
Vive la calotte !
Vive le rabat !

Vous que scandalise
Un prélat mitré,
Riez de l'Église,
Je la défendrai.

Ma muse falotte
Jamais n'en rabat,

Vive la calotte !
Vive le rabat !

J'ai mis sur mes notes
Les joyeux abbés,
Qui de nos dévotes
Sont les sygisbés.

Ma muse falotte,
Jamais n'en rabat,
Vive la calotte !
Vive le rabat !

Bernis, près des femmes,
Point tu ne bronchais,
Et ces bonnes dames
Brodaient tes rochets.

Ma muse falotte,
Jamais n'en rabat ;
Vive la calotte !
Vive le rabat !

Directeur des belles,
L'abbé de Chaulieu
S'oubliait près d'elles
Pour l'amour de Dieu!

Ma muse falotte,
Jamais n'en rabat;
Vive la calotte!
Vive le rabat!

Bien souvent malade,
L'abbé Voisenon,
Pour une rasade,
Ne disait pas non.

Ma muse falotte,
Jamais n'en rabat;
Vive la calotte!
Vive le rabat!

Quel est ce bon frère,
Jamais ne teignant

Son vin dans l'eau claire?...
L'abbé Latteignant.

Ma muse falotte,
Jamais n'en rabat;
Vive la calotte!
Vive le rabat!

Chrétien idolâtre,
L'abbé Pellegrin,
Soupant du théâtre,
Dînait du lutrin.

Ma muse falotte,
Jamais n'en rabat;
Vive la calotte!
Vive le rabat!

Rabelais, je gage,
Sur son rituel,
Traça mainte page
De Pantagruel

Ma muse falotte,
Jamais n'en rabat;
Vive la calotte,
Vive le rabat.

Santeuil, dont on prône
L'esprit et le sel,
Dans le vin de Beaune
Trempait son Missel.

Ma muse falotte,
Jamais n'en rabat;
Vive la calotte,
Vive le rabat.

De plus d'une belle
Le cœur a bondi,
Quand on lui rappelle
L'abbé de Gondi.

Ma muse falotte,
Jamais n'en rabat;

Vive la calotte !
Vive le rabat !

Maury, le caustique,
S'est bien défendu,
Sans un mot comique,
Il était pendu (1).

Ma muse falotte,
Jamais n'en rabat;
Vive la calotte,
Vive le rabat,

Frappant sans scrupule,
Notre abbé Geoffroy,
Grâce à sa ferrule,
Des sots fut l'effroi....

(1) On se rappelle ce mot de l'abbé Maury à des furieux qui voulaient l'accrocher à un réverbère : « Quand vous m'aurez mis à la lanterne, *y verrez-vous plus clair ?*

Ma muse falotte,
Jamais n'en rabat ;
Vive la calotte,
Vive le rabat.

Place à la requête
De l'abbé Poupin,
De l'abbé Roquette,
De l'abbé Boindin...

Ma muse falotte,
Jamais n'en rabat ;
Vive la calotte,
Vive le rabat.

Et l'abbé Virgile,
Si bien francisé,
Que l'abbé Delille
A débaptisé (1).

(1) On l'avait surnommé l'abbé Virgile.

Ma muse falotte,
Jamais n'en rabat ;
Vive la calotte,
Vive le rabat.

Et ce petit père,
Qu'on nommait André ;
Dieu !... quel mousquetaire...
En bonnet carré !...

Ma muse falotte,
Jamais n'en rabat ,
Vive la calotte,
Vive le rabat.

Mais je suis en nage,
Resterais-je court ,
Pour Testu , Ménage,
Cotin et Grécourt ?

Ma muse falotte,
Jamais n'en rabat ;

Vive la calotte,
Vive le rabat.

Dans cette épopée,
Signalons à part,
L'abbé de Lépée,
Et l'abbé Sicard !

Ma muse falotte,
Jamais n'en rabat ;
Vive la calotte,
Vive le rabat.

L'ABSENCE.

ROMANCE COMPOSÉE EN 1800. (C'EST LA PREMIÈRE DE L'AUTEUR.)

AIR :

Je vais contenter tes désirs,
Zélis, ô ma charmante amie !
Tu me demandes quels plaisirs
Occupent les jours de ma vie :
Hélas ! il n'en est pas pour moi
Sans le charme de ta présence,
Et puis-je, sans parler de toi,
Me consoler de ton absence !

La rose qui brille au matin
Me montre ta beauté piquante ;

Le tendre lis de ton beau sein
A la blancheur éblouissante;
Dans la sensitive je vois
Le charme de ton innocence;
L'immortelle m'offre à la fois
Et tou esprit et ma constance.

Va, le temps ne m'a pas changé :
Tu règnes toujours sur mon âme,
Et cet exil trop prolongé
Ne fait que redoubler ma flamme.
Rien ne peut soulager mon cœur
Du feu cruel qui le dévore :
Zélis, je ne crains qu'un malheur,
C'est de souffrir long-temps encore.

LES COINS.

Air de Céline.

Nargue du philosophe austère,
Qui, n'éprouvant aucun désir,
Semble n'être venu sur terre
Que pour déserter le plaisir :
Ah! serions-nous ce que nous sommes,
Lorsque Adam vit Ève de loin,
Si le père de tous les hommes
N'eût pas voulu quitter son coin?

Jusqu'à seize ans, la jeune Lise
Du feu gardait toujours le coin :
Dans un bal voulant être admise,
Un soir elle quitte son coin;

Un galant, d'aimable tournure,
Joue avec elle aux quatre coins :
Hélas! depuis cette aventure,
Lise rêve dans tous les coins.

Voulez-vous voir des parasites,
Des auteurs sans verve, sans goût,
Des envieux, des hypocrites?
On trouve ces gens-là partout.
Voulez-vous un Crésus bien bête?
Vous le trouverez au besoin :
Mais l'homme à talent, l'homme honnête,
Allez le chercher dans un coin.

Voulant chanter à perdre haleine,
Je fus souvent embarrassé;
Et pour me payer de ma peine,
Les journalistes m'ont tancé.
Ici, je brave la censure,
Et dis, en redoublant de soin :
« Heureux, au banquet d'Épicure,
« Qui peut avoir son petit coin ! »

LE BÉOTIEN DE PARIS.

1835.

Air : Faut de la vertu.

Est-il bien vrai, mes bons amis,
Qu'on ait détrôné Charles Dix ? } *bis*.

Si j'ai la mémoire présente,
Je ne dirais ni oui, ni non :
Mais je crois, en dix-huit cent trente,
Avoir entendu le canon.

Est-il bien vrai, mes chers amis,
Qu'on ait détrôné Charles Dix ?...

Dites-moi donc où nous en sommes ?
Dans les emplois les plus marquans,
Je vois toujours les mêmes hommes;
J'ai donc dormi pendant cinq ans?

Est-il bien vrai, mes bons amis,
Qu'on ait détrôné Charles Dix?

On blâmait les anciens systèmes,
Le fisc avait tout encombré;
Mes impôts sont toujours les mêmes,
Mon journal est toujours timbré.

Est-il bien vrai, mes bons amis,
Qu'on ait détrôné Charles Dix?

De lire, j'ai la fantaisie,
Babet, va me chercher en bas,
Votre *Tribune*!... Elle est saisie,
Mon *Figaro*!... ne paraît pas.

Est-il bien vrai, mes bons amis,
Qu'on ait détrôné Charles Dix?

Monsieur, je sors avec madame,
Toutes deux en grand décorum,
Je la conduis à Notre-Dame,
Vu qu'on y chante un *Te Deum !*...

Est-il bien vrai, mes bons amis,
Qu'on ait détrôné Charles-Dix?

Le fils de mon voisin m'assure
Qu'il va prendre un cabriolet
Afin d'aller à la censure,
Pour faire approuver... un couplet...

Est-il bien vrai, mes bons amis,
Qu'on ait détrôné Charles Dix?

Mon neveu, le chef aux finances,
Et très libéral, Dieu merci!
Votait contre les ordonnances,
Pour elles il vote aujourd'hui.

Est-il bien vrai, mes bons amis,
Qu'on ait détrôné Charles Dix?

Quoi ! toujours des impôts énormes,
Des timbres et des gros budgets,
Et des cumuls et des réformes,
Des censeurs et des procès !...

Mais pourquoi donc, mes bons amis,
A-t-on détrôné Charles-Dix ?

LE BOUCHON.

Air : Qu'est-c' qui veut savoir l'histoire
De Manon Giroux ?

On dit qu' toujours en goguette
　Vadé, c' bon garçon,
S'en allait à la guinguette
　Pour faire un' chanson :
Jaloux d'imiter, mordienne,
　C't auteur folichon,
J' suis entré pour faire la mienne
　Au premier bouchon.

Chez un marchand d' vin d' campagne
　J'arrive c't été ;
J' lui d'mande du vin d' Champagne
　Premièr' qualité ;

L’ bourgeois m’ dit : «J’ peux vous promettre
  « D’ vous donner du bon ;
« Car j’ viens moi-mêm’ de mettre
  « L’ cachet sur l’ bouchon. »

Comme i’ n’y a, lorsque j’observe
  Rien pour moi d’ caché,
J’ sais que, pour que l’ vin s’ conserve,
  Faut qu’il soit bouché :
Quand il vient un’ bouteill’ pleine
  D’un vin qu’ nous r’cherchons,
J’ bois à même, ça m’ôte la peine
  D’ach’ter des bouchons.

Mes amis, bien qu’ dans le monde
  L’ vin ne nous manqu’ pas,
Faudra pourtant à la ronde
  Qu’ chacun saut’ le pas.
Sauter l’ pas !... croit-on qu’ ça m’ôte
  Le goût d’ la boisson ?...
En attendant que j’ le saute,
  J’ fais sauter l’ bouchon.

SEMONS.

Air : Cet arbre apporté de Provence.

A nos dîners ne manquant guères,
Et très fidèle à nos leçons,
Savez-vous bien, mes chers confrères,
Pourquoi j'apporte des chansons?...
Je suis un de ces bons apôtres
Que l'intérêt sait éblouir...
Pour mes couplets j'entends les vôtres :
Il faut semer pour recueillir.

Voulant aussi rouler voiture,
Chez les commis, qu'il pousse à bout
Pour avoir une fourniture,
Duval sème un peu d'or partout.

Par les avances qu'il doit faire
Son coffre-fort va se remplir :
Duval sait que dans toute affaire
Il faut semer pour recueillir.

Jaloux, en donnant son ouvrage,
De le garantir des sifflets,
Armand a mis sa montre en gage
Pour acheter force billets.
La pièce prend : le public trouve
Qu'on n'aurait pas dû l'accueillir.
Vous le voyez, cela nous prouve
Qu'il faut semer pour recueillir.

Le pauvre hymen, dormant sans cesse,
Néglige souvent son jardin,
Mais l'amour, qui fuit la paresse,
Y donne un petit coup de main.
Quelquefois, quand l'hymen s'éveille,
Il voit des fruits prêts à cueillir...
Et l'amour lui dit à l'oreille :
« J'ai semé : tu vas recueillir. »

Dans le triste champ de la vie,
Si l'on répand quelques bienfaits,
On prétend que l'on porte envie
Même aux heureux que l'on a faits.
Sur ce point que chacun se fonde :
Sans jamais nous enorgueillir
Faisons des heureux à la ronde,
Nous sèmerons pour recueillir.

LE TIMIDE.

Air : Monsieur l'abbé, où allez-vous ?

Chantons tout bas, tout bas, tout bas,
Car aujourd'hui l'on ne sait pas
   Comment on doit écrire :
     C'est bien;
  Et j'ai peur d'en trop dire,
    Vous m'entendez bien !

Avant qu'on eût refait des lois
Comme au temps des premiers Gaulois,
   Je vous aurais fait rire :
     C'est bien;
  Mais j'ai peur d'en trop dire,
    Vous m'entendez bien !

Malgré nos cris et nos clameurs,
L'honneur, le crédit et les mœurs,
  Tout va de mal en pire :
    C'est bien ;
  Mais j'ai peur d'en trop dire,
    Vous m'entendez bien !

Ce pauvre peuple, il a bon dos
Pour traîner les plus lourds fardeaux ;
  C'est toujours lui qui tire :
    C'est bien ;
  Mais j'ai peur d'en trop dire,
    Vous m'entendez bien !

On paîra moins, mais cependant
Il faut toujours, en attendant,
  Remplir leur tirelire :
    C'est bien ;
  Mais j'ai peur d'en trop dire,
    Vous m'entendez bien !

Depuis qu'on n'ose plus parler,
Les journaux, hélas! font trembler...

On ne peut plus les lire :
C'est bien ;
Mais j'ai peur d'en trop dire,
Vous m'entendez bien !

Avec le temps, mes bons amis,
On dit qu'on doit rendre au pays
La gloire de l'Empire...
C'est bien !
Mais j'ai peur d'en trop dire,
Vous m'entendez bien !

Pour un *Te Deum* il est clair
Qu'on nous a fait payer bien cher
L'eau bénite et la cire...
C'est bien ;
Mais j'ai peur d'en trop dire,
Vous m'entendez bien !

Depuis cinq ou six ans, dans nos
Théâtres et nos tribunaux,
Le crime est en délire...
C'est bien ;

Mais j'ai peur d'en trop dire,
Vous m'entendez bien !

Nous ne vivons que de terreurs;
Nous n'admirons que les horreurs
Qu'on puise dans Shakespeare :
C'est bien ;
Mais j'ai peur d'en trop dire,
Vous m'entendez bien !

Voilà pourquoi, de jour en jour,
Chez nous après un prompt retour
Tout le monde soupire :
C'est bien ;
Mais j'ai peur d'en trop dire,
Vous m'entendez bien !

C'est le retour de la bonté,
C'est le retour de la gaîté
Que l'on voudrait proscrire...
C'est bien ;
Je n'ai plus rien à dire,
Vous m'entendez bien !

AUX PRISONNIERS DE HAM.

Avril 1836.

Air de la romance de Bélisaire.

Si je célèbre avec chaleur
Et la folie et son délire,
J'ai prouvé que pour le malheur
J'avais une corde à ma lyre :
Vous ne serez pas les derniers,
Vous qu'on retient captifs en France !
Courage, illustres prisonniers... ⎫
Dieu soit en aide à la souffrance ! ⎬ *bis.*
⎭

Vous nous prouvez bien chaque jour
Que la grandeur est éphémère...

Du poison, qui croît à la cour,
Vous avez bu la coupe amère!...
Vous ne serez pas les derniers,
Vous qu'on retient captifs en France!
Courage, illustres prisonniers...
Dieu soit en aide à la souffrance!

On obéit aveuglément
A son cœur, à sa conscience;
On est martyr de dévoûment,
Comme on est martyr de croyance :
Vous ne serez pas les derniers,
Vous qu'on retient captifs en France!
Courage, illustres prisonniers...
Dieu soit en aide à la souffrance!

Ah! c'est mourir, que de se voir
Séparé d'un fils, d'une fille...
C'est mourir, que ne plus avoir
Les soins touchans d'une famille!
Vous ne serez pas les derniers,
Vous qu'on retient captifs en France!
Courage, illustres prisonniers...
Dieu soit en aide à la souffrance!

De tout temps il en fut ainsi,
De ces malheurs la terre est pleine :
Interrogez Synamary,
Le Temple, et même Sainte-Hélène!...
Vous ne serez pas les derniers,
Vous qu'on retient captifs en France !
Courage, illustres prisonniers...
Dieu soit en aide à la souffrance !

LES SATURNALES MODERNES.

1835.

Air de Cadet Roussel.

J'entends crier de tout côté :
« Vive, vive la liberté !... »
C'est aussi mon refrain, à moi ;
Car, d'après tout ce que je voi,
J'éprouve beaucoup de tendance
Pour la complète indépendance :
　Bien, bien, ça va très bien !
Pourquoi donc se gêner en rien ?

Quand on voulait plaire autrefois
A la maîtresse de son choix,

On se trouvait sur son chemin
Avec un bouquet à la main :
Mais de nos jours on ne la touche
Qu'avec une pipe à la bouche :
  Bien, bien, ça va très bien !
Pourquoi donc se gêner en rien ?

On nous disait à tout propos :
« On diminûra les impôts. »
Depuis cinq ans ils sont doublés,
Ils sont triplés et quadruplés :
Pourquoi se priver de ressources,
Quand on peut prendre dans nos bourses ?
  Bien, bien, ça va très bien !
Pourquoi donc se gêner en rien ?

Nos députés pour les emplois
Négligent un peu trop les lois ;
Dans tous les coins, dans tous les rangs,
Quand ils ont placé leurs parens,
Ils font leurs visites au prince,
Et s'en vont chasser en province...
  Bien, bien, ça va très bien !
Pourquoi donc se gêner en rien ?

En dépit du Code l'on peut
Faire à peu près ce que l'on veut :
Mes amis, on peut violer,
On peut tuer, on peut voler;
La circonstance atténuante
Rend la chose moins effrayante...
 Bien, bien, ça va très bien !
Pourquoi donc se gêner en rien ?

L'abbé Cha..l est bon enfant,
Il permet plus qu'il ne défend :
L'abbé Cha..l ne défend pas
Le jeudi saint qu'on fasse gras ;
C'est pour s'amuser qu'il confesse,
C'est pour rire qu'il dit la messe :
 Bien, bien, ça va très bien !
Pourquoi donc se gêner en rien ?

Maintenant sur les boulevards
Qu'expose-t-on à nos regards ?
Des crudités, des nudités,
D'effroyables obscénités !...
Dites, n'est-ce pas la licence
Livrant la guerre à l'innocence ?

Bien, bien, ça va très bien !
Pourquoi donc se gêner en rien ?

Sur un propos, sur un soupçon,
On vous tient un mois en prison ;
Puis, ne trouvant aucun délit,
Le procureur du roi vous dit :
« Mille pardons, je suis le vôtre ;
« On vous aura pris pour un autre ! »
Bien, bien, ça va très bien !
Pourquoi donc se gêner en rien ?

A la Charte on ne devait pas
Changer un mot dans aucun cas :
On l'allonge, on la raccourcit,
Et, comme cela réussit,
Nous avons par cette tactique
Une Charte en gomme élastique.
Bien, bien, ça va très bien !
Pourquoi donc se gêner en rien ?

MON ÉPITAPHE.

Air : Suzon sortait de son village.

Ci-gît qui fit des comédies,
Des articles dans les journaux ;
Ci-gît qui fit des parodies,
Des épigrammes, des bons mots ;
    Ci-gît qui fit,
    Sans trop d'esprit,
    Vers et chansons
De toutes les façons ;
    Ci-gît qui fit
    Avec profit
    De gais repas,
Qu'il ne regrette pas...
Enfin, ci-gît, sous cette pierre,
Celui qui fit ce couplet-ci,
Mais qui maintenant, Dieu merci !
    N'aura plus rien à faire. *(ter.)*

ERRATUM.

Page 182, avant dernier vers,
Au lieu de : *De sa fin prévoyant le terme.*
Lisez :   *De ses jours* prévoyant, etc.

TABLE

DES MATIÈRES.

Notice sur la chanson.	Page 1
Profession de foi.	39
A mon voisin Béranger.	43
Les Consolations du peuple.	47
L'anniversaire.	51
Prions !...	53
Alice et Raymon.	55
La Chasse.	59
Vaudeville.	63
Arrive qui plante.	67
Tout comme un autre.	71
Tout doucement.	75
A mon ami Paul Despret.	77
Les Pavés.	79
Consigne à ma portière.	83
Ça n'avance à rien.	87
Morale épicurienne.	91
Le poison et le contre-poison.	95

Le Froid.	*Page* 99
J'Attends.	103
Le Pli est pris.	109
Les Chiens enragés.	111
Conseils.	115
A MM. les Actionnaires du Vaudeville.	117
Les Fileurs.	121
Le Refrain de M. Vautour.	125
La Terre.	129
Le Vieux Mendiant.	133
Toujours!	135
Le Dessert.	139
A M. Quillet.	141
En Attendant.	145
Quand le vin est versé, il faut le boire.	147
Le Coin du feu.	151
Le Garçon à marier.	157
La Morte vivante.	161
Les Épreuves.	169
L'Incrédule.	173
Couplets sur la mort de Grétry.	177
La Femme du Bocage.	181
A un Jeune Homme qui veut faire des chansons.	185
Le Cotillon.	187
Autant en emporte le vent.	195
J'irai le dire à Rome.	199

Le Cancanier.	Page 203
En Route.	209
Résignation.	213
Jean, ou le Refrain qui ne rime pas.	215
Couplets improvisés au Veau qui Tète.	219
Après vous, s'il en reste.	221
Le Rieur.	225
A Madame Blanche.	229
L'Enlèvement de Proserpine.	231
Le Mariage (Ronde grivoise).	237
Les Découvertes d'Herschell.	243
A Louise Contat, le jour de sa fête.	247
Biographie des abbés.	249
L'Absence.	259
Les Coins.	261
Le Béotien de Paris.	265
Le Bouchon.	267
Semons.	269
Le Timide.	273
Aux Prisonniers de Ham.	277
Les Saturnales modernes.	281
Mon Épitaphe.	285

FIN DE LA TABLE.

www.ingramcontent.com/pod-product-compliance
Lightning Source LLC
Chambersburg PA
CBHW071137160426
43196CB00011B/1925